Antonio Mira de Amescua

Las desgracias del Rey don Alfonso el Casto

Créditos

Título original: Las desgracias del Rey don Alfonso el Casto.

© 2024, Red ediciones S.L.

e-mail: info@linkgua.com

Diseño de cubierta: Michel Mallard.

ISBN rústica: 978-84-9816-103-8.
ISBN ebook: 978-84-9897-580-2.

Cualquier forma de reproducción, distribución, comunicación pública o transformación de esta obra solo puede ser realizada con la autorización de sus titulares, salvo excepción prevista por la ley. Diríjase a CEDRO (Centro Español de Derechos Reprográficos, www.cedro.org) si necesita fotocopiar, escanear o hacer copias digitales de algún fragmento de esta obra.

Sumario

Créditos _____ **4**

Brevísima presentación _____ **7**
   La vida _____7

Personajes _____ **8**

Loa _____ **9**
   Baile del Amor y del Interés _____13

Jornada primera _____ **19**
   Baile de las diosas _____63

Jornada segunda _____ **67**

Jornada tercera _____ **113**

Libros a la carta _____ **153**

Brevísima presentación

La vida

Antonio Mira de Amescua (Guadix, Granada, c. 1574-1644). España. De familia noble, estudió teología en Guadix y Granada, mezclando su sacerdocio con su dedicación a la literatura. Estuvo en Nápoles al servicio del conde de Lemos y luego vivió en Madrid, donde participó en justas poéticas y fiestas cortesanas.

Personajes

El Rey don Alfonso el Casto
Don Sancho Díaz, el conde de Saldaña
Don Suero Velázquez
Doña Jimena, hermana del Rey
Doña Elvira, dama
Ramiro
Ordoño
Ancelino
El conde Tibaldo
Mauregato hijo ilegítimo de Alfonso el Magno
Bernardo, labrador
Sancha, labradora
Don Gonzalo
El capitán Muza, moro
Moros, de acompañamiento
Dos criados
Dos plateros peregrinos
Dos ciudadanos
Loa

Loa

(Sale la Loa diciendo:)

        Queriendo la hermosa Dido
que aquel padre de troyanos
le refiriese la historia
de sus lamentables llantos,
le dice de aquesta suerte:
«Eneas fuerte y gallardo,
cuéntame, si acaso gustas,
aquel desastre pasado
que entre ti y los griegos hubo.»
Él dice: «Quiero contarlo,
con tal que me des silencio».
Concediólo. Yo me espanto
poderlo acabar consigo;
que las mujeres son diablos.
   Yo salgo a pedir silencio,
no a los hombres, porque es llano,
que tienen de conocerlo.
Solo con mujeres hablo;
que tienen tan largos picos
que pretendiendo gastarlos,
están parlando continuo,
sentadas, corriendo, andando,
en sus casas, en la iglesia,
en el sermón, en los autos,
y aun me dicen que hay algunas
que están durmiendo y hablando.
Y, porque vengo mohíno
de un caso que me han contado,
referiré algunos males
de los muchos que han causado

para que se eche de ver
que las mujeres son diablos.
   Ya saben que la primera
causa de nuestro pecado
fue mujer, y de mujer
la forma en que le engañaron.
Mil males causó la Cava
a España, pues que duraron
sus reliquias hasta que
el cielo envió a Pelayo.
Y también los causó Elena
a atenienses y troyanos
y a griegos, pues que dos veces
a dos príncipes la hurtaron.
La primera a Teseo,
Rey de Atenas a quien Castor
y Apolux en campal guerra
de su poder la sacaron;
y la segunda, fue Paris;
que era lo de [los] troyano[s].
Príamo, aquéste la hurtó
a otro Rey, que es Menelao.
Ningún bien causó tampoco
Clitimnestra, pues dando
a su marido la muerte
fue causa de tantos daños.
Pero, ¿qué me maravillo?
¡Que las mujeres son diablos!
   La cautelosa Semíramis,
estando un tiempo Reinando
con su marido, el Rey Nino,
le pidió por solo espacio
de cinco horas su poder,
y apenas se le hubo dado

cuando le mandó matar
por quedar con todo el mando.
Mil más pudiera decir;
pero déjolo, mirando
que vengo a pedir y el pobre
nunca ha de ser porfiado,
y también me mueve a ello
ver que de allí me han mirado
dos mujeres que por señas
me dicen que calle, y callo;
que me lo mandan mujeres,
que las mujeres son diablos.
  Mas, si me fuera yo agora
con el cabello así largo
a meterme entre mujeres,
¡cómo saliera pelado!
Más quiero volver la hoja
y deshacer el agravio
y en lo que toca a ser Eva,
causa de nuestro pecado,
yo digo que Adán lo fue
y sábese de San Pablo
cuando dice que en Adán
mueren, y resucitamos.
Y Cristo, nuestro maestro
nos dice aquesto bien claro,
que mujer nos dio el remedio
si por mujer fue el pecado.
Y así mal dice el que dice
que las mujeres son diablos.
  Si algún mal causó la Cava
a España, solo [Juliano]
la forzó, y donde hay fuerza
nunca interviene pecado.

Si Semíramis mató
a Nino, fue porque estando
en sus reinos, no quisieron
amplificar sus estados.
Después de muerto quedó
por Reina, y en un caballo,
de todas armas vestida,
con sus gentes salió al campo
sujetando muchos reinos:
Etíopes, Egipcianos.
La valerosa Cenobia,
de Palmirenos espanto,
es quien rindió a Capodacia
y a Persia, y está enseñando
a dos hijos que tenía
el latín, griego y hebraico.
Las invictas amazonas
dieron poderío y mando
a dos mujeres que fueron
las que España han enviado
reliquias de aquellos godos
que se han ido prolongando
hasta el tercero Filipo
que Dios guarde muchos años.
Y así mal dice el que dice
que las mujeres son diablos.
   Bien las he vuelto su honra.
A fe que me deben harto;
que lo que dije al principio
era que venía enojado,
y agora lo iré también
si no dan lo que demando,
que es el silencio que dio
Dido a Eneas, y gustando

oirán la mejor comedia
que se haya visto en tablado.
Y también doy la palabra
de que aquí y en cualquier cabo,
desmentiré al que dijere
que las mujeres son diablos.

Baile del Amor y del Interés

(Salen los Músicos.)

Músicos   Entre apacibles vergeles
que adornan flores vistosas
y cantan los ruiseñores
entre los lirios y rosas,
y las cristalinas fuentes
riegan hierbas olorosas,
y hace fértiles labores
y aljófar sus hojas brotan
haciendo el céfiro manso
en el jazmín y amapola,
un sonoroso ruido
al menear de las hojas
andaba a caza Cupido.

(Sale Cupido con arco y aljaba y flechas, vendado los ojos.)

Entre contento y congoja,
por negarle la obediencia
las damas bellas, graciosas,
miran que es obedecido
del pastor a la real pompa
rindiéndosele a sus pies
cuanto de este mundo gozan.

Siente que mujeres flacas
le quieren quitar la gloria,
y se la den a interés
entre preseas y joyas,
quítase el arco y aljaba
y entre la hierba lo arroja
cuando vio entrar a Interés
con gran majestad y pompa.

(Sale Interés, muy galán con cadena y sortijas de oro.)

Cadena de oro en el cuello,
sortijas, preseas y aljorcas,
alegre en ver que le estiman
el mundo y naciones todas,
paséase ante Cupido
y con meneos se entona.
No le hace acatamiento
de que Cupido se enoja.
Quítase la venda Amor,
y dícele: «Cómo osas
parecer en mi presencia,
siendo invencibles mis obras?».
Interés le ha respondido:
«Como han sido cautelosas
conociendo sus afectos,
se han acogido a mi sombra.
Los dos hacemos el juego
y porque es cosa notoria,
escucha aquesta razón
y conocerás mi gloria.»

Obras son amores,
hermano Polo,

obras son amores
que no amor solo.
Cupido replica: «Aqueso
es porque mi fuerza afloja
cuando el amor es fingido,
y dádivas le sobornan».
A aquesta razón responde
Interés aquesta nota:
«Dos amorosos galanes
quieren a una dama hermosa.
Pregúntanla a quién más ama.
Y ella dice melindrosa:
"Fulano me quiere mucho
mas Zutano me hace obras".
Da el uno amor y palabras,
el otro da amor y doblas.»
Interés es cosa firme
y Amor un jerigonza.
Si no, mira aquesta letra
que tu mismo nombre nombras,
y por verse atropellado
de sus entrañas te arroja.

(Danzan al son de la letra.)

«Las damas de hogaño, Blas,
que visten sedas y galas,
querránte bien si regalas
y más cuando dieres más.»

Dice Amor: «Es cierta cosa;
que no les diera su hacienda,
luego más parte me toca».
Quiso Interés replicar

mas Amor con voz sonora
dice que es cosa muy justa
que esté por igual la gloria.
Interés no lo consiente;
que el premio da la victoria.
Declaren por ser sentencia
Belisa y la bella Flora.

(Salen Belisa y Flora en traje aldeano.)

Salen las pastoras bellas
como al salir de la aurora;
salen los rayos de Febo
haciendo ricas alfombras.
Las dos hacen reverencia
y ellos que los campos bordan
con luces de sus reflejos,
con su mesura se adornan.
Amor les propone el caso
y con razones exhorta
a que sentencien por él;
que es cosa que les importa.
E Interés descubre el hecho
y su gran cadena toca
mostrando preseas y anillos
y otras riquezas y joyas.
Las dos entran en acuerdo
y en sentenciar se conforman
que lleve solo Interés
el lauro de la victoria.
Oyendo Amor la sentencia
a voces dice: «¿qué importa
que en los jardines del Chipre
tengo yo mi trono y pompa,

y allá en los campos Elíseos
suene mi sonora trompa,
y en el monte del Parnaso
que su publique mi gloria
si soy de Interés vencido?».
E Interés dice: «Aquí os toca
que hagáis lo que yo os mandare».
Y callando, Amor otorga:
«¿Por qué razón un bastardo,
hijo de una mujer loca,
conmigo se ha de igualar;
que soy quien el mundo asombra?
Seamos, Amor, amigos,
y con mudanzas graciosas
los dos quiero que bailemos
con estas damas hermosas.»

(Bailan al son de esta letra.)

    Amor, pues quedáis vencido,
no tiréis,
porque os arrepentiréis.
    Ya vuestras flechas, Amor,
que están de tormento y lloro,
Interés las vuelve de oro
que se reciben mejor.
Aplacad, luego, el rigor
y no tiréis
porque os arrepentiréis.
    Amansad un poco el brío
en tirar a los amantes;
que con perlas y diamantes
tiene Interés señorío,
lo demás es desvarío.

No tiréis,
porque os arrepentiréis.
   Bueno es Interés y Amor,
si los dos corren parejas;
que se entra por las orejas
este suave licor.
Mas Interés es mejor.
No tiréis
porque os arrepentiréis.

Jornada primera

(Suena música y salen al tablado [tres] tambores, uno con un pendón levantado y en él un león, otro con una fuente de plata con una corona, otro con otra fuente con una espada. Después en orden, todos los que pudieren y corriendo una cortina aparece en un tribunal el Rey don Alfonso, armado el pecho, galán y descubierta la cabeza. Arrímanse todos a los dos lienzos del vestuario.)

Alfonso
    Hidalgos asturianos
reliquias y sucesión
de godos y de romanos,
fortaleza de León
que he de regir con mis manos;
   por el valor sin segundo
que tenéis, máquinas fundo
para dar a España asombros,
y he puesto sobre mis hombros
el mayor peso del mundo.
   Los reinos y majestades
suelen tener por grandeza
lisonjas y falsedades,
y así pongo en mi cabeza
montes de dificultades.
   Poca paz y mucha guerra
son columnas de Reinar;
que el hombre que en Rey se encierra
entre las sirtes del mar
y volcanes de la tierra,
   siempre ha de vivir velando.
La vida le van gastando
los cuidados con que lidia,
y los linces de la envidia
sus obras le están mirando.
   Desde la gallega sierra

hasta la andaluz nevada
me está llamando la guerra.
Mirad si es carga pesada
para un hombre hecho de tierra.
   En efecto a mi persona
el cuidado no perdona;
que a todo estaré ofrecido
desde oí que habrá ceñido
mis sienes esta corona.

Sancho   Seas, Alfonso, de hoy más
para los moros un rayo
que abrase, y sí lo serás;
que eres nieto de Pelayo
y vas dejándole atrás.
   Ya que es hecho la elección,
falta la coronación.
Permita, pues, tu persona
ponerle espada y corona
en señal de posesión.
   De Pelayo es esta espada,
que el mundo causaba espanto
en su brazo levantada,
y si viviera otro tanto
viera a España restaurada.
   Ármate, señor, con ella,
serás Sol de la milicia
y hemos de jurar en ella;
tú de guardarnos justicia,
nosotros de obedecella.
   Con aquesta un león se doma,
de tus vasallos la toma,
que darte quisieran ellos
el águila de dos cuellos

con el imperio de Roma.
　Y si en aqueste estandarte,
por insignia un león te han dado,
ellos gustarán de darte
el fuego del scita helado,
del tracio el armado Marte,
　las águilas del romano,
arco y flechas del persiano,
los leones del inglés,
los tres lirios del francés,
las lunas del otomano.
　Y en tanto, señor, que vienes
a estos pomposos trofeos,
ciñe con ésta tus sienes,
que aumenta nuestros deseos
esta majestad que tienes.

(Toma la corona y sube a coronar el Rey.)

　La corona te asegura
del reino la envestidura,
como a los pasados reyes;
pero de guardar las leyes
sobre esta espada jura.

(Ponen la espada junto al Rey [Alfonso] y llegan todos a feudar.)

Alfonso　　　　　Pues ha de ser de esa suerte
　　　　　　　　en su cruz; que en la malicia
　　　　　　　　de muchos ha sido muerte,
　　　　　　　　juro de guardar justicia.

Todos　　　　　　Nosotros de obedecerte.

Ancelino   De ti la Reina conciba
más hijos que tuvo Egisto.

Todos   ¡Viva Alfonso el Casto!

Alfonso   ¡Viva!
Para que la fe de Cristo
en su defensa reciba.
    Aunque hay hombres que son hechos
nobles por naturaleza,
libres de tributo y pechos,
la verdadera nobleza
se adquiere con nuestros hechos;
    Tener la familia llena
de nobles, nobleza es buena;
mas ser solamente honrados
con hechos de los pasados
es buscar nobleza ajena.
    Supuesto, pues, lo que digo,
si en España rica y bella
fue desdichado Rodrigo,
procuremos echar de ella
al africano enemigo;
    que en los reales pendones
espero ver dibujadas
águilas, quinas, leones,
castillo, barras, granadas,
y otros famosos blasones.
    Y espero dejar tal lauro,
si las Españas restauro,
que este león que celebro
beba del Turia, del Ebro,
del Tajo, Betis y Dauro.

Sancho   Rey eres de las montañas.
                    Ensancha, Alfonso, tu tierra.

Alfonso   Con vuestras grandes hazañas.

(Tornan a tocar las cajas.)

Todos   ¡Guerra, Alfonso, guerra, guerra!
                    ¡Restauremos las Españas!

Suero   Pues ya con tanto valor
                    te han jurado por señor,
                    los españoles cristianos
                    te hemos de besar las manos
                    o los pies será mejor.

(Tocan la música y llegan de dos en dos al Rey humillándose. Luego hacen otra reverencia al pendón real y suben a besar la mano al Rey. Levántese el Rey a tomar el pendón [y] cáesele la corona de la cabeza.)

Alfonso   La corona se ha caído
                    de mi frente, ya he tenido
                    prodigio adverso.

Sancho   Eso no;
                    que a caso Rey se cayó.

(Vuélvesela a poner.)

Alfonso   Plegue a Dios que así haya sido.

(Toma el Rey el pendón y tres veces le levanta y abaja, y la última vez se quiebra el asta del pendón, y cae en el suelo, quedándose el Rey con el pedazo de él.)

Sancho	Rota el hasta, ya me asombra.

Alfonso	Mi Dios, que eterno se nombra,
dice que no me asegure
porque no hay reino que dure;
que esta vida es humo y sombra.
   Los reinos y monarquías
de cualquiera Rey o Reina
son las olas del mar frías;
solo Dios por siglos Reina,
que el hombre Reina por días.
   Ningún Rey seguro viva,
que el imperio que celebra
es de vidrio o flor altiva;
que entre las manos se quiebra
o que el aire la derriba.

(Levanta el pendón don Sancho y dale al Rey.)

Sancho	Esos agüeros desprecia;
tu corona estima y precia
porque sangre no ha llovido
el cielo como se vido
cuando entró Filipo en Grecia.
   Como en la guerra de Darío
no han hablado las murallas,
la región del aire vario
no ha visto entre sí batallas
como en el tiempo de Mario.
   En las nubes inconstantes
no has visto armados gigantes,
ni has visto como otros reyes
hablar los perros y bueyes

> y ladrar los elefantes.
> 　Junto al Sol de luz eterna
> no se ha visto una persona,
> ni bramar una caverna.
> ¿Qué es caerse una corona
> y quebrarse una hasta tierna?
> 　Vive, señor, muy seguro;
> pon el pendón en el muro.
> Muestra el corazón más ancho.

Alfonso　　　Bien me aconsejáis, don Sancho.

Sancho　　　Tu vida y honra procuro.

Ancelino
> 　Ya León su Rey te ha hecho,
> acaba esta ceremonia;
> que es de fuero y de derecho.

Alfonso
> La confusa Babilonia
> llevo dentro de mi pecho.

(Vanse en orden de dos en dos, y el Rey detrás, tocando la Música. Salen doña Jimena, con una carta abierta y un pañuelo a los ojos, y doña Elvira.)

Elvira
> 　Lágrimas das en despojos;
> la carta te da pasión.
> Sin duda dándote enojos
> te ha deshecho el corazón,
> pues lo destilan los ojos.

Jimena
> 　Siempre he sido desdichada
> y como mis ojos vieron
> una carta que me agrada,
> con sus lágrimas quisieron

        dejar la letra borrada.

Elvira   ¿Luego, lloras de placer?

Jimena   Los gustos suelen hacer
        que esté a veces afligida
        porque gustos de esta vida
        sin amargo han de tener.
         Sigue el resplandor del día
        la oscura noche que asombra,
        la muerte pálida y fría
        la vida al cuerpo, su sombra,
        y el disgusto al alegría.
         Y como tal pensamiento
        hasta el alma me penetra,
        y en la carta gusto siento
        temo que de cada letra
        ha de nacer un tormento.

Elvira   Será mi dicha muy corta
        sin ese gusto, y te importa
        contarlo porque es doblado
        el gusto comunicado,
        y el mal contado se acorta.

Jimena   Son cosas para callar.

Elvira   Por fiel merezco lauro.
        Más muda tengo de estar
        que grulla pasando el Tauro,
        y que pez cortando el mar.
         De tu recato me admira,
        mi amistad advierte y mira
        al deudo y obligación.

Jimena Dices bien, tienes razón.
Oye, pues, mi doña Elvira.
 Hízome el cielo piadoso
hermana de Alfonso el casto,
que a imitarle no borrara
estas letras con mi llanto.
Aunque viven en el mundo
los reyes idolatrados,
que apenas tienen deseos
porque de nada están faltos.
Aunque entre púrpura y telas,
y en camarines dorados
adulan sus majestades
lisonjeros cortesanos;
aunque gobiernan el mundo
en sus soberbios palacios
cuyos chapiteles de oro
escalan el cielo santo;
aunque dan blasones y honras,
no tienen seguro estado,
que también pueden los reyes
ser a veces deshonrados;
pies tiene torpes y feos
el pavón bello y ufano,
calentura el león, y frío
el elefante gallardo;
así los reyes del mundo,
aunque ricos, tienen algo
que refrene su potencia,
que en efecto son humanos.
Y como está de una suerte
sujeto el fino brocado
a la mancha negra y fea,

como la jerga y el paño,
suele caer en los reyes,
aunque son oro acendrado,
la escoria del deshonor
y la mancha del agravio.
Cayó por flaqueza mía
en la sangre que heredamos;
que como es vidrio la honra
quiebra por lo más delgado.
Por mis pecados, al fin,
quizá no por mis pecados
que es Dios incomprehensible
y son secretos sus casos,
hubo una justa en León
donde los godos hidalgos
quebraron lanzas al Rey,
y entre ellas su honor quebraron.
Entre los nobles de Asturias
salió a la justa don Sancho,
digo el conde de Saldaña,
aunque bastaba nombrarlo.
Salió, con armas azules
y con azules penachos,
hecho un cielo en el color
y un infierno en mi descanso,
en un overo andaluz
que al margen del Betis claro
se crió dejando atrás
los vientos desenfrenados.
Corto el cuello, el rostro alegre,
de caderas fuerte y ancho,
no era potro ni era viejo
aunque estatua remendado.
De estas razones, mi Elvira,

podrás colegir de espacio
si olvidará al caballero
quien se acuerda del caballo.
Como ligera saeta
que disparada del arco
por el arrogante persa,
sin ser vista, llega al blanco.
Y como desde las nubes
girando bajan los rayos
hasta romper con su furia
los edificios más altos,
tal fue Sancho en su carrera
que de él fuimos derribados,
yo de toda libertad,
del caballo su contrario.
Tras sí llevó el corazón
de este pecho y corrió tanto
que me he quedado sin él
porque no pude alcanzarlo.
Al fin, desde aquellas justas
quedo con algún cuidado
de ver el que yo tenía
en oírlo y en mirarlo.
Son los ojos lenguas mudas,
son parleros secretarios,
del alma son vidrieras
y del corazón retratos.
Ellos, al fin, le dijeron
lo que callaron mis labios,
con la grana de vergüenza
encendidos y encarnados.
Amor, con las flechas de oro,
para que no fuese ingrato
hirióle el pecho de acero

y así me sirvió dos años.
Al fin, para no cansarte,
de esposo le di la mano
y por ella me ganó
el resto de mi recato.
Correspondí a sus deseos
y a diez meses desdichados
tras los dolores de amor
me afligieron los de un parto.
Un niño grande y hermoso
el fruto fue de este árbol;
que por dar fruto sin tiempo
merece ya ser cortado.
Lleváronle a las montañas,
su nombre ha sido Bernardo,
y con orden de su padre
ha sido en ellas criado.
Mil prodigios vide entonces.
Los edificios temblaron;
tronaron los aires densos,
aunque era invierno erizado.
Soñé que de mis entrañas
nació un león africano,
que a los franceses comía
y a los moros daba espanto.
Sospecho que ha de ser hombre
que a España sirva de amparo;
porque a veces saca Dios
grande bien de un gran pecado.
Ya hemos visto en este mundo
buen fin de principios malos,
y aunque aborrezca mi culpa
el suceso será honrado.
Hoy supe de su salud;

que me escribió don Gonzalo,
  el que en su casa le tiene,
  y esto ha causado mi llanto.

Elvira
  Si tu afición no me engaña,
  yo no te puedo culpar;
  que tu culpa fuera extraña
  con hombre particular,
  no con Sancho, el de Saldaña.

Jimena
  Temo por muchos respetos
  que mis esperanzas borre,
  y que con pasos inquietos
  el tiempo que aprisa corre
  descubrirá mis secretos.
  Las culpas no se encubrieron,
  que aún las piedras las dijeron
  y siempre lo que es mal hecho
  aún no les cabe en el pecho
  a los mismos que lo hicieron.

Elvira
  Yo me voy; que el conde viene
  y quizá te querrá hablar
  algo que a los dos conviene.

Jimena
  Tu discreción singular
  aficionada me tiene.

(Vase doña Elvira y sale don Sancho.)

Sancho
  ¡Mi Jimena!

Jimena
  ¡Mi don Sancho!
  Ya mi corazón ensancho

	por recibirte en mi pecho aunque es aposento estrecho y era menester más ancho.
Sancho	Si he vivido dentro de él, ¿ya es estrecho?
Jimena	Sí, señor, que siendo a mi amor fiel tanto has crecido en amor que ya no cabes en él. Aunque si tienes de entrar en mi pecho, es ancho mar en constancia y en valor. Aunque entren ríos de amor, todos hallarán lugar.
Sancho	¿Y no podrá suceder que mengüe?
Jimena	Sí, puede ser; mas saliendo amor de mí, como ha de ser para ti a su centro ha de volver.
Sancho	Dices bien. ¿Qué carta es ésta?
Jimena	De venta de mi virtud; que hoy la he tenido por fiesta, mensajera es de salud que está esperando respuesta. Don Gonzalo, vuestro tío, de quien mi honra confío, y no como en pecho ajeno,

| | me escribe como está bueno
aquel hijo vuestro y mío. |

| Sancho | ¿Por eso habéis de llorar?
Antes la nueva merece
quitaros todo pesar. |

| Jimena | Es verdad; mas me entristece
el no poderlo gozar. |

(Dicen dentro.)

| Ancelino | ¿Sabes que soy Ancelino? |

| Suero | Ni pedirlo determino
porque le eres muy molesto. |

| Jimena | Acude, don Sancho, presto
pon en paz a tu sobrino. |

(Vanse. Salen Suero y Ancelino.)

| Suero | Doña Elvira no consiente
tu amor, ni he de consentir
tu loco y necio accidente. |

| Ancelino | Yo la merezco servir
con mucha razón. |

| Suero | ¡Él miente! |

(Ponen mano a las espadas.)

| Ancelino | Sin duda quieres, traidor, |

             que esta espada con rigor
             el infame pecho te abra
             de quien nació la palabra
             que me ha quitado el honor.

(Sale don Sancho.)

Sancho   Quien la corte ha alborotado
             merece ser castigado
             aunque mi sobrino sea.
             Apartad.

(Entre el Rey, Jimena, Ramiro, primo de Ancelino, y gente.)

Alfonso   Luego se vea
             quién de los dos es culpado.

Ancelino   De mi misma boca fía;
             que te diré la verdad.
             A tu cámara venía,
             díjome una necedad,
             respondíle que mentía.

Suero   ¿Hay tal maldad? ¿Tal permito
             y la vida no le quito?

Alfonso   En eso ofendes mi pecho;
             que confesar lo mal hecho
             es preciarse del delito.

Suero   Escucha, señor, advierte
             que yo fui...

Sancho   Calla, cobarde,

pues no le diste la muerte.
[.................... -arde]
[.................... -erte].

Alfonso ¡Prendedlo ya!

(Prenden a Ancelino y llévanle.)

Suero ¿Hay tal afrenta?

Alfonso ¿Suero Velázquez consienta
que sin campo ni batalla
le satisfaga?

Suero Antes...

Sancho Calla,
la lengua tu agravio sienta.

Alfonso ¡Ah, don Sancho!

Sancho ¿Señor?

Alfonso Mira,
¿quién provocó el corazón
de Ancelino a tener ira?

Sancho Sospecho que celos son
y amores de doña Elvira.

Alfonso Llamadla; que hoy determino
casarla con tu sobrino.

(Vase un criado.)

Sancho   Será paz el casamiento.

Ramiro (Aparte.)   (Nueva será de tormento
                         para mi primo Ancelino.)

(Vase Ramiro.)

Sancho (Aparte.)   (¡Ay, honra, como eres vida
                         del corazón principal,
                         si una vez estás perdida,
                         nunca tarde, poco o mal
                         le será restituida.
                            Aquél que con honra nace,
                         mire en guardarla, qué hace,
                         porque un edificio labra
                         tan frágil, que una palabra
                         lo derriba y lo deshace.
                            Gran vigilancia conviene
                         que el honor por valer más
                         tan hecho espíritu viene
                         que no se siente jamás
                         hasta que ya no se tiene.)

(Sale doña Elvira.)

Elvira   ¿Qué manda tu majestad?

Alfonso   Darle dueño a tu beldad,
                         a tu pecho fortaleza,
                         a tu cuerpo otra cabeza,
                         a tu honor seguridad,
                            darle a tu casa gobierno,
                         un freno a tu voluntad,

                        prudencia a tu ingenio tierno,
                        imperio a tu libertad,
                        a tu cuello un yugo eterno,
                            un descuido a tu cuidado,
                        a tu edad honroso estado,
                        para tus dudas consejo,
                        para tus ojos espejo,
                        y en efecto un desposado.

Elvira (Aparte.)   (Si será don Suero, sí,
                        mi ventura será inmensa.)

Suero (Aparte.)   (¡Qué aquél que desmentí
                        me atribuyese su ofensa,
                        pues vivo, no la sentí!
                            ¡Ah, rigurosa Fortuna,
                        ayer dos almas tenía
                        y hoy he perdido la una!)

Alfonso (Aparte.)   (Trocar quiero en alegría
                        esa tristeza importuna.)
                            Hoy quiero dar galardón
                        a tu amorosa pasión,
                        a tus padres alegría,
                        a tu lecho compañía,
                        regalo a tu corazón,
                            canas a tu poca edad,
                        a tu hacienda nueva parte,
                        aumento a tu calidad,
                        y otro tú imagino darte
                        para mayor igualdad.

Sancho (Aparte.)   (¡Qué seis letras han deshecho
                        la nobleza de este pecho;

          mas las obras han de ser
          las que habrán de deshacer
          lo que palabras han hecho!)

Alfonso   Una esposa te doy. Mira,
          que serla tuya merece;
          porque es un cielo que admira,
          es un Sol que resplandece,
          y en efecto es doña Elvira.

Elvira (Aparte.)   (Si es verdad que me ha querido,
          ¿cómo no muestra don Suero
          que contento ha recibido?)

Suero (Aparte.)   (Yo le desmentí primero;
          mas, ¡ay, que a solas ha sido!
           ¡Y él con gente cortesana!
          Mi deshonra al fin es llana;
          que es la honra la opinión
          del pueblo, y los hombres son
          con quien se pierde o se gana.
           ¡Abriré el pecho inhumano!)

Elvira (Aparte.)   (Que me aborrece es muy llano
          el que me adoraba ayer.)

(Está divertido don Suero y llega el Rey y tírale del brazo.)

Suero (Aparte.)   (Su amigo no pienso ser.)

Alfonso   Deisle, don Suero, la mano.

Suero (Aparte.)   ¡La mano? (Su majestad
          me obliga a no obedecello.

	¡No, afrenta mi calidad!
	Tuerza, si gusta, este cuello
	pero no esta voluntad.)
Alfonso	Dadle la mano, don Suero.
Suero	No está bien a un caballero
	tal amistad ni tal mano.
Elvira	¡Ah, traidor, falso, villano,
	tal oigo y no desespero!
Alfonso	¡Ah, don Suero! ¿Habéis oído
	lo que os he dicho?
Suero	Señor,
	lo que dices he entendido;
	mas no conviene a mi honor.
Elvira (Aparte.)	(¿Él ha estado divertido?)
Suero (Aparte.)	(¿Yo su amigo? No haré tal
	aunque me venga más mal
	que hasta aquí, si esto es posible.)
Alfonso	Aspero estás y terrible.
Suero	Por ser noble y principal.
Elvira (Aparte.)	(¿Y yo no lo soy, traidor?
	¿A esto me ha llamado el Rey?)
Suero	Que obedezco a mi señor,
	[................. ley],

             en lo bueno y justo es rigor.
                Su majestad no lo pida;
             que la honra amortecida
             en sí es posible tornar,
             pero no resucitar
             si pierde toda la vida.
                Aunque mi agravio repara
             llegarla ya con mi mano;
             mas ha de ser en la cara.

(Vase don Suero.)

Elvira (Aparte.)   (¿A mí bofetón, villano?
                        ¡Quién la vida le quitara!)

Alfonso (Aparte.)   (O está loco o no ha entendido.)

Elvira (Aparte.)   (Estará loco fingido.)

Alfonso   Suero Velázquez, espera.

Sancho   ¡Vuelva, aguarda!

Elvira   No quisiera.
(Aparte.)   (¡Qué esto hubiera sucedido!)

(Vanse todos y queda sola Elvira.)

Elvira   ¿Quién vio tal deshonor
             en quien ayer era piedra
             en firmeza y en valor
             y en quien ha sido la hiedra
             de los muros de mi amor?
                Mas el tiempo de esta suerte

derriba el muro más fuerte,
el agua gasta la piedra,
el Sol marchita la hiedra,
y todo tiene su muerte.
 El Sol fui de sus amores,
y él jardín en quien decía
que como con sus favores
el alba perlas vertía,
era yo perlas y flores.
 Pero viene tiempo en fin
que el hielo quema el jardín,
el alba aljófar no ofrece,
la luz del Sol se oscurece,
y todo tiene su fin.
 Pero mi mal no remedio
sintiéndolo de esta suerte,
quiero buscar otro medio,
que, si en todo hay fin y muerte,
todo mal tiene remedio.

(Vuelve don Suero.)

Suero
 Ya, León, no me verás
hasta que venga... ¿Aquí estás,
mi Elvira, mi bien, señora?
Dame tu licencia agora
para no verte jamás.
 Un hidalgo deshonrado
no merece la presencia
de este rostro que he adorado.
Muera a manos de tu ausencia
para ser más desdichado.

Elvira
 Loco, falso, necio, infame,

que así es justo que te llame.
¿Cómo a mi presencia has vuelto?
¿O acaso vienes resuelto
a que tu sangre derrame?

(Vase doña Elvira.)

Suero
    Ya con desdenes me mata
quien me dio vida sin ellos.
Trueque el tiempo, ¡oh falsa ingrata!,
el oro de tus cabellos
en blancas hebras de plata.
    Pecho y cuello transparentes
del cristal con que me alegro
hallen ébano las gentes,
granos de azabache negro
el aljófar de tus dientes.
    A tus manos de mosquetas
cristalinas y perfetas,
haga el tiempo mil agravios;
los corales de tus labios
vuelva en moradas violetas.
    Arrugue tu tez serena
en cárdenos lirios trueque;
tus mejillas de azucena
tus años floridas seque...
¡Pero no! ¡Qué es darme pena!
    Hoy me matan con rigor
tu desdén y mi deshonra,
y no sé cuál es mayor
si la falta de mi honra
o la falta de tu amor.
    Infame al fin me llamaste,
bien el nombre me acertaste;

            que solo ese nombre tengo
            en tanto que no me vengo
            de aquél que sin duda amaste.
                Pero hago voto al cielo
            a mi ofensor y a mi dama
            de estar al calor y al hielo
            sin entrar en blanda cama
            durmiendo en el duro suelo,
                de no mudar el vestido,
            ni el cabello más crecido
            cortar, ni tratar con gente
            hasta que ofenda y afrente
            al mismo que me ha ofendido.

(Vase don Suero. Salen Ramiro y Ordoño, el uno con papel y tinta.)

Ramiro   Sin duda lo habrá sabido.

Ordoño   Holgara que lo supiera.

Ramiro   La mala nueva es ligera
                    y es mala la de un olvido.
                        Ya lo sabrá, y en su llama
                    más calor habrá imagino.

Ordoño   Bueno quedará Ancelino
                    con enemigo y sin dama.

Ramiro   Aún vale que el agraviado
                    no fue mi primo.

Ordoño   Es verdad,
                    pero no hay seguridad
                    con un ofendido honrado.

Ramiro	El tiempo cura las cosas con el amistad y el favor.

Ordoño	Heridas en el honor
	son heridas peligrosas.
	   Las del honor quebradizo
	son heridas de alacrán,
	que curarse no podrán
	sin el mismo que las hizo.
	   Como la abeja atrevida
	es quien afrenta a un honrado
	porque en habiendo picado,
	le dura poco la vida.

Ramiro	Deja agora esos temores. Si acaso parece, mira y sepa como su Elvira fue precio de otros amores.

(Asómase Ancelino al balcón.)

Ordoño	Ancelino.
Ancelino	¿Quién me llama?
Ordoño	Quien trae nuevas de disgusto y el gusto sin algún gusto.
Ancelino	Luego serán de mi dama.
Ramiro	No es bien que la llames tuya, ni aún suya ha de ser llamada, porque es la mujer casada

	de su marido y no suya.
Ancelino	¿Doña Elvira se ha casado?
Ramiro	Agora el Rey la casó, porque aplacar procuró a tu enemigo agraviado. Luego la pendencia ha sido de la honra y el amor. Don Suero perdió el honor y tú la dama has perdido.
Ancelino	¡Ay, amigos! ¿De qué suerte tales nuevas he escuchado y en albricias no os he dado las de mi temprana muerte? Digo que quisiera ser —y nadie, amigos, se asombre— ofendido de tal hombre a trueco de tal mujer.
Ramiro	¡Oh, primo! No digas más esa razón; que te infama. Hallar podrás otra dama y otra honra no hallarás. Y aun esa mujer liviana que te ha dejado, si fuera agora tuya, pudiera dejarlo de ser mañana.
Ancelino	Yo me pienso resolver en darle rienda a mi amor; que quien le quitó el honor le ha de quitar la mujer.

>   Pues al Rey se la he pedido
> y habiéndomela negado,
> a don Suero se la ha dado.
> El Rey me tiene ofendido.
>   Ya no podré refrenar
> mi cólera, que estoy loco.
> El Rey me ha tenido en poco
> pues no me la quiso dar.

(Vase quitando las ligas y atándolas al balcón.)

>   Vengarme, amigos, conviene.

Ordoño
>   ¿De quién vengarte has querido?

Ancelino
> De uno que en nada he tenido
> y otro que en nada me tiene.
>   Dejar quiero la prisión.

Ramiro
> No desciendas. Vuelve arriba.

Ancelino
> No, abajo; que me derriba
> el peso de mi pasión.

(Desciende.)

Ramiro
>   Lo que hacer quieres ignoro.

Ancelino
> Quebrar de honrado la ley
> con quitar al reino a un Rey
> que me quitó la que adoro.

Ordoño
>   Ni es justo ni hacerlo puedes.
> No tengas tal pensamiento;

| | que a voces dirán tu intento
aquestas mudas paredes. |
|---|---|
| Ancelino | La reprobada traición
que al hidalgo no conviene,
dos partes iguales tiene
que hacerla y pensarla son.
   Y siendo aquesto verdad
ya, amigos, estoy culpado,
porque en haberlo pensado
tengo hecho la mitad.
   Esos papeles, ¿qué son?
¿Para qué pluma traías? |
| Ramiro | Para si acaso querías
escribir en la prisión. |
| Ancelino | Dame, pues escribiré
cosas que al Rey den temor. |
| Ramiro | Ciego estás. |
| Ancelino | Con el amor
y con agravios cegué.
   Solo me puede ofender
don Sancho en mi pretensión,
y con aquesta invención
le he de quitar el poder.
   Mientras puede averiguar
el Rey aquesta mentira,
por librar mi doña Elvira
el reino le he de quitar. |

(Escribe Ancelino.)

Ramiro
: Paréceme que Ancelino
delira con este humor.

Ordoño
: Ya tiene para traidor
andado el medio camino.
¿Qué será su pretensión?

Ramiro
: Será buscar con recato
al valiente Mauregato
y hacerle Rey de León.

Ancelino
: Hoy intento una hazaña
con que nombre me darán
de segundo Julián
para los reinos de España.
  Hoy, si este reino persigo,
Alfonso el casto ha de ver
que merecí la mujer
que el ofreció a mi enemigo.
  La atrevida pretensión
que hoy Ancelino procura,
ha de ser la calentura
que derribe a este león.
  Mi corazón solo basta,
montañeses caballeros,
para cumplir los agüeros
de la corona y el hasta.
  De gallo mis voces son;
que velo en mi honra y así
haré que tiemble de mí
este gallardo león.
  Quiero dejar esta carta,

(Escribe.)

(Ata el papel que escribió en la liga que colgó del balcón.)

>donde el Rey la puede ver,
>y el que más quiere valer,
>sígame, tras mí se parta.

Ramiro   Tu sangre me está llamando.

Ordoño   Y a mí tu mucha amistad.

Ancelino   Perdona, noble ciudad,
>que tus males voy buscando.

(Vanse. Salen Alfonso y el conde Tibaldo.)

Alfonso   Muéstrase el reino feroz
>para que el horror y miedo
>lleve la fama velos
>a los moros de Toledo,
>de Córdoba y Badajoz.
>   Gástese en vencer al moro
>ese pequeño tesoro
>que hay en Oviedo y León,
>y el valor del corazón
>supla la falta de oro.

(Sale un Criado.)

Criado   Ancelino ha quebrantado
>la prisión.

Alfonso   ¿Cómo lo sabes?
>¿A quién las llaves han dado?

Criado	No abrió la torre con llaves. Por la ventana ha saltado.
Alfonso	Si los vasallos mayores que tienen cargo y honores pierden al Rey el temor, o en él ven poco valor o empiezan a ser traidores. Pues no me tuvo temor que de él le tengo os prometo; que quien al Rey su señor pierde una vez el respeto, mucho tiene de traidor.
Tibaldo	Atado dejó un papel del pendiente tafetán que le sirvió de cordel.
Alfonso	Sus intentos se sabrán sabido lo que hay en él. Conoceré sus intentos que las letras son retratos de los mismos pensamientos. ¡Ah, cortesanos ingratos! [................ -entos].
(Lee el Rey la carta.)	«A los criados que pidieren a vuestra majestad, mereciéndola como yo a doña Elvira, no se le niegue, pues los ha menester quien tiene pretensores de su reino, como son el valiente Mauregato, hijo bastardo del primer Alfonso, y su tío, y así mismo el conde de Saldaña, habiendo [un hijo] en doña Jimena, hermana de vuestra majestad, como ya lo sabe. Ancelino»

¿Hijo? ¿Jimena? ¿Qué espero?
Pero creerlo no quiero
que el hombre más principal
dejando de ser leal
deja de ser verdadero.
   En Ancelino hay pasión
por causa de doña Elvira,
y al infierno de traición
descendió por la mentira
que es el primer escalón.
   Venir a Jimena veo.
Salid todos. La verdad
saber agora deseo
para más seguridad
pero no porque lo creo.

(Vanse todos. Quédase en la puerta Tibaldo y sale por otra Jimena.)

Alfonso   Por hacer más extendido,
                     Jimena, el árbol real
                     te caso con un marido
                     que aunque en sangre no es tu igual
                     en los méritos lo ha sido.
                        Con Tibaldo has de casarte.

Jimena (Aparte.)   (¡El corazón se me parte!
                     ¡Ay, mi Dios! ¿Qué trance aguardo?
                     ¡Ay, mi Sancho! ¡Ay mi Bernardo!
                     Recibid de éste mal parte;
                        mas ya sé qué responder.)
                     Si, de casto y limpio, nombre
                     has procurado tener,
                     más conviene a la mujer
                     este título que al hombre.

51

                Hónrame con él, señor.

Alfonso   De sucesor estoy falto;
esto conviene.

Jimena (Aparte.)   (¡Ay, dolor!)

Alfonso (Aparte.)   (Con el nuevo sobresalto
se ha trocado el color.
   Ella sintió la alteración.
¡Qué buenos indicios son
de flaquezas, si se ampara
con la sangre de la cara,
el temido corazón.
   Si su color natural
tiene el rostro, indicios siento;
mas no, que sospecho mal
porque es muerte el casamiento
y vuelve el rostro mortal.
   Pero un engaño he de hacer
que ella misma haya de ser
quien me diga la verdad.)
Tibaldo, con brevedad
me trae...

(*Sale Tibaldo que ha estado a la puerta y háblale al oído.*)

Jimena (Aparte.)   (¿Qué podrá querer?
¿Con qué tormento infinito,
con qué antojos y pasión
sospecha y miedo maldito,
vive siempre el corazón,
que ha cometido un delito?)

(Vase Tibaldo.)
Alfonso   ¿Qué has de hacer?

Jimena   Lo que quisieres.

Alfonso   Casarte.

Jimena   Mientras vivieres,
                     no será razón dejarte.

Alfonso   Conde don Sancho has de casarte
                     pues a Tibaldo no quieres.
(Aparte.)   (Ya se alegra y le comienza
                     a hacer el rostro rosado,
                     el brasil de la vergüenza;
                     que el cómplice del pecado
                     al delincuente avergüenza.)
                        ¿Qué quieres?

Jimena   Tu gusto trata.

Alfonso   Tu maldad está entendida.
                     Mejor será, falsa ingrata,
                     un engaño que da vida
                     que un desengaño que mata.
                        Todo se sabe.

Jimena   Señor,
                     no me causes tal dolor.
                     Tu sangre en mis venas vive.

Alfonso   Para morir la apercibe.
(Aparte.)   (Así lo sabré mejor.)

Jimena	¿Para qué?
Alfonso	Para morir.

Jimena	¡Ay, Dios! ¡Qué extraño accidente!
	Mal me podré apercibir
	si me matas de repente.
	Hermano, torna a decir
	para qué.

Alfonso	Para la muerte,
	este monstruo torpe y fuerte.
(Aparte.)	(Si es verdad que ella lo ha hecho,
	del laberinto del pecho
	lo sacaré de esta suerte.)

Jimena	Alfonso, si hablas de veras,
	de Dios culpado has de ser.

Alfonso	¡Ojalá tu no lo fueras!

Jimena	Culpa quisiera tener
	porque tú no la tuvieras.
	¿La muerte me das en fin?

Alfonso	Sí, porque importa tu fin.

Jimena	¿De qué te sirve, cruel,
	ser casto como un Abel
	si eres también un Caín?
	Fueras otro Salomón
	y otro David penitente
	con tu manso corazón,
	y no un José continente
	con entrañas de Absalón.

     Mira, Alfonso, que haces mal.
     Fue blanco y puro cristal
     que a castidad te ha dado,
     hoy lo tiñes de encarnado
     con esta sangre real.
      ¿En qué te ofendí, señor?

(Sale Tibaldo con un vaso de vino.)

Alfonso   Dame el vaso y vete luego.

(Toma el vaso el Rey y vase Tibaldo a la puerta.)

      Confiesa ya sin temor.

Jimena   Eres mozo y eres lego
     para ser mi confesor.

Alfonso   Tengo, aunque lego, tal ciencia
     que entendiendo tu pecado,
     sin encargar mi conciencia
     antes de haber confesado,
     te he de dar la penitencia.
      Aquesta purga te ordeno
     porque soy médico bueno
     para curar mi deshonra;
     que enfermedades en honra
     se purgan bien con veneno.
      Pues que no has tenido cuenta
     con mi honor y el tuyo, ingrata,
     bebe hidrópica, sedienta;
     que con veneno se mata
     la sed que te tienes afrenta.

(Toma el vaso Jimena.)

Jimena   Ya, señor, quiero beber,
                    si éste tu gusto ha de ser;
                    pero dirá mi virtud
                    que me purgas en salud
                    y me brindas sin comer.
                        Mi vida quieres quitar
                    no mi sed, y así no digas
                    que te he querido afrentar
                    aunque si tú me castigas
                    culpada debo de estar.
(Bebe un trago.)   Poco a poco iré muriendo;
                    crecerá mi mal notorio;
                    y pues que tanto te ofendo,
                    sírvame de purgatorio
                    [el vaso que voy bebiendo].
(Bebe.)   Ya, señor, está bebida.

Alfonso   La causa tendrás sabida.

Jimena   No la sé; mas la sospecho.

Alfonso   Confiesa, pues, lo mal hecho
                    mientras te dure la vida.

Jimena   Ya que mi Dios fue servido
                    que este veneno me quite
                    la vida que le ha ofendido,
                    con la purga es bien vomite
                    las culpas que he cometido.
                        Veinte años ha, señor,
                    que le cobré grande amor
                    a un caballero, y después

	me casé con él.
Alfonso	¿Quién es?
Jimena	¡Estás con mucho rigor!
	Serás con él muy cruel
	aunque tan querida fui
	de su corazón fiel;
	que en darme una muerte a mí,
	dos muertes le das a él.
Alfonso	Darle una largo confío.
	Deja el necio desvarío.
	Díme su nombre.
Jimena	Es [sin] nombre,
	que no le supe otro nombre
	sino esposo y señor mío.
	De él tengo en esa montaña
	un hijo hermoso y gallardo.
Alfonso (Aparte.)	(Ancelino no me engaña.)
	¿Cómo se llama?
Jimena	Bernardo.
Alfonso	¿Fue el conde de Saldaña?
(Túrbase ella.)	
Jimena	No, señor.
Alfonso	¿Quién fue su padre?

Jimena	El saberlo no te cuadre.
	Solo pido, si ser puede,
	que aqueste hijo no herede
	las desdichas de su madre.
	Hijo y madre natural,
	del padre un espejo son,
	pues por mi culpa y mi mal
	le rompes la guarnición.
	No le quiebres el cristal.
	Ya que el árbol has cortado,
	conserva el fruto, señor,
	quizá sabrá ser honrado.
Alfonso	No me dará buen olor
	fruto tan mal sazonado.
	Muerte te di sin saber
	tu culpa, y has de tener
	la vida ya que se sabe.
Jimena	Mi muerte ha sido suave,
	pues me la diste a beber.
Alfonso	No fue veneno. Levanta;
	que yo cobrar mi honra quiero,
	ya llena de infamia tanta.
Jimena	¡Ay, mi Dios! Que vida espero
	con el alma en la garganta.
Alfonso	El vino te hizo hablar.
Jimena	Luego bien podré alegar
	que el vino, como era fuerte
	y el engaño de mi muerte,

me hicieron desvariar.

Alfonso
No; que la verdad ha sido,
y por ella has merecido
ser monja de Santa Clara
para que cubras la cara
que honestidad no ha tenido.
  Viste de jerga cruel
ese cuerpo mal regido,
[................... -el]
deja el mundo inadvertido
[................... -el].
  Castigada no estarás,
pues en pago de tu pena
a vida del cielo vas.
Anda, imita a Magdalena
ya que a Clara no podrás.

(Vase doña Jimena.) ¿Así Sancho mi honra guarda?
Presto le verán difunto.
Él es, su muerte no tarda.
Don Tibaldo, ten a punto
toda mi gente de guarda.

(Sale don Sancho y vase don Tibaldo.)

  Conde, llamarte quería
en este infelice día
para ser aconsejado
en un caso que ha causado
la muerte y deshonra mía.
  Tú eres médico [que allana]
mi deshonra. ¿Qué haré
para dar muerte inhumana
a un vasallo que hoy hallé

(Aparte.)	abrazado con mi hermana? (Así sabré la verdad.)
Sancho	¿Qué dice tu majestad?
Alfonso	Digo, porque más te asombre que hoy vi a Jimena y a un hombre sin ninguna honestidad.
Sancho	¿A quién, señor?
Alfonso	A mi hermana.
Sancho	¿Y con quién?
Alfonso	Con un criado.
Sancho	Dime, ¿cuándo?
Alfonso	Esta mañana.
Sancho (Aparte.)	(¡Ay, don Sancho, desdichado! ¡Ay, mujer falsa y liviana!) ¿Y ella, señor, le quería?
Alfonso	Mil requiebros le decía.
Sancho (Aparte.)	(Pues, el Rey, siendo agraviado su deshonra ha confesado, también es cierta la mía.) Su vida, señor, acaba y quita al que te ofendía los ojos con que miraba, los oídos con que oía

      y la lengua con que hablaba.
        Dime, quién es el traidor
      que nos quitó nuestro honor...
      Digo como a hermano a ti
      y como a vasallo a mí,
      honrado de su señor.
        Muerte les daré a los dos
      que su vida y honra gastan
      en tu ofensa y la de Dios.

Alfonso   Conde, vuestros celos bastan;
      no tengáis celos de vos.
        Delincuente sois de amor;
      que ha descubierto los cielos.
      Y confesáis vuestro error
      en el potro de los celos
      que es el tormento mayor.
        El consejo tomaré
      que me dais. ¡Ah, de mi guarda!
      Prended al conde.

Sancho   ¿Por qué?

Alfonso   Porque el precepto no guarda
      de Dios, del Rey y su fe.
        Porque, siendo mi hechura,
      igualárseme procura
      sin prudencia ni consejo
      y porque siendo mi espejo
      no me enseña mi figura.
        Porque habiéndolo querido,
      a mi amor ha sido ingrato,
      porque me tiene ofendido,
      porque siendo mi retrato,

| | en nada me ha parecido.
Encerradlo en esa torre. |
|---|---|
| Sancho | El tiempo que aprisa corre
borró cualquiera delito. |
| Alfonso | Soy bronce y está en mí escrito:
«No has miedo que se borre.» |
| (Vanse.) | |

Fin de la primera jornada

Baile de las diosas

(Salen las músicas y cuando quieren comenzar a cantar se ha de correr una cortina y aparece Paris recostado sobre unas hierbas.)

    Quedito, no hagáis ruido
porque está Paris durmiendo
entre lentiscos y adelfas
aunque hacen profundo el sueño.
El hijo del gran troyano
está ausente de su reino
por el sueño de su madre
que le desterró en naciendo.
Los parleros ruiseñores,
su valor reconociendo,
cesan las arpadas lenguas
mostrando grato silencio.
Cuando las tres bellas diosas
que son Palas, Juno y Venus
llegaron a su presencia
haciéndole acatamiento.

(Salen las tres diosas danzando al son de los instrumentos.)

Juno   Invencible y fuerte Paris,
recuerda, pues ves que el sueño
es imagen de la muerte.

Paris   Es verdad, yo lo confieso.
¿Quién sois? Que me habéis nombrado
por mi nombre; pues es cierto
que me llaman Alejandro.

Juno   Aquése fue nombre impuesto.

Porque sepas la causa
de buscarte, estáme atento
que aquestas diosas y yo
gran diferencia tenemos
porque estando en un convite
una manzana pusieron
de oro sobre la mesa,
y en ella puesto un letrero:
«Dénsela a la más hermosa.»
Y cada cual pretendiendo
serlo, por juez te nombra,
advierte como discreto,
Paris, si por mí juzgares,
aqueste don te prometo:
de hacerte el más rico Rey
del más poderoso reino.

Palas

Si por mí juzgas, infante,
aqueste don te prometo:
que tendrás ventura en armas
y serás en fuerza Héctor.

Venus

Si por mí dieres sentencia,
gran infante, te prometo
una saeta amorosa
que abrase de amor los pechos.
Daréte una dama hermosa
que con su poder supremo
crió la naturaleza
y de rostro más perfecto.

Paris

Ya he entendido la ocasión
y vuestros rostros contemplo,
y pues lo público he visto

                  quisiera ver lo secreto;
                  mas por los gallardos talles
                  las demás partes penetro
                  y juzgo que la manzana
                  se lleve la diosa Venus.

Palas   Por lo que has juzgado, Paris,
                  a la muerte te condeno
                  y morirás a las manos
                  de Ajax Telemón, el griego.
                  Y porque Paris no piense
                  que tenemos sentimiento
                  las dos iremos bailando
                  al son de los instrumentos.

(Bailan las dos diosas al son de la letra que cantarán las músicas.)

                  «No fiéis de los hombres, niña.
                  ¡Mal haya quien de ellos fía!
                  Venían confiadas
                  las dos bellas diosas,
                  que por ser hermosas
                  fueron señaladas.
                  Quedaron burladas
                  con su porfía.
                  No fiéis de los hombres niña.
                  ¡Mal haya quien de ellos fía!»

(Vanse Palas y Juno.)

Venus   Lo que yo te he dicho, Paris,
                  se ha de cumplir en efecto;
                  que has de casar con Elena
                  mujer de Menelao griego.

Tú, ¿no eres hijo de Rey
gallardo, sabio y discreto?
Valiente por tus proezas,
no hay de qué tener recelo,
y porque es bien celebrar
el valor de ese real pecho,
danzar quiero en tu presencia.
Recibe mi buen intento.

(Danza Venus una mudanza curiosa y cierra una cortina con que se da fin al baile.)

Jornada segunda

(Salen Ancelino, Ramiro y Ordoño. Ancelino con una lanza y una adarga, con una banda escrita con letras y una corona en la mano.)

Ancelino	En esta sierra tan alta
	como la bárbara torre,
	donde el veloz ciervo corre
	y el ligero gamo salta,
	entre estos pinos que quitan
	los rayos del Sol dorados,
	de heladas aguas bañados
	que al valle se precipitan,
	en todo aqueste horizonte
	sigue la caza ligera,
	sin dejar ave ni fiera
	en el aire ni en el monte,
	aquí le habemos de hallar.
Ramiro	¿Si querrá admitir la empresa?
Ancelino	En ningunos hombros pesa
	la máquina de Reinar.
	Un regalo sin segundo
	al principio el Reinar es
	que no se siente, y después
	pesa tanto como el mundo.
	Cargas son, y no pequeñas.
Ordoño	Si no me engaña el deseo,
	Mauregato es él que veo
	bajar por aquellas peñas.
Ancelino	Dices bien. Aquí le dejo

      la corona, adarga y lanza
      porque así tengo esperanza
      de darle un mudo consejo.
       Si en llegando a este lugar
      reparando en la corona,
      se la pone y se aficiona,
      bien le podemos tentar.
       Pero si la voluntad
      a la corona no ofrece,
      es señal que no apetece
      el imperio y majestad.
       Y así es justo que sepamos
      su intención antes de hablarle.

Ordoño   ¿Dónde habemos de mirarle?

Ramiro   Entre aquellos verdes ramos.

(Dejan la adarga en el suelo y encima la corona y lanza, y escóndense, ya descendiendo Mauregato de un monte, en el traje que mejor le pareciere a un hombre que vive en el campo.)

Mauregato   Alto monte en quien descansa
      sin ser cazada la fiera,
      ribera alegre, agua mansa,
      fieras, monte, agua, ribera,
      vuestra soledad me cansa.
       Duros robles donde oía
      de las aves la armonía,
      fuentes y flores suaves,
      robles, fuentes, flores y aves
      ya me dais melancolía.
       Ya al mar no lleváis mis penas,
      arroyuelos de cristal,

que estas sierras no son buenos
para la sangre real
que hierve en aquestas venas.
   Al mundo, de polo a polo
dará vueltas como Apolo,
no he de ser más cazador.
Basta ser solo en valor
sin ser en la vida solo.

(Mira la corona.)   ¿Qué Rey dejó estos despojos?
¿Quién trató tales trofeos?
Ilusiones son o antojos
que mis soberbios deseos
representan a mis ojos.
   ¿Corona en esta aspereza?
Por donde vio más flaqueza
el demonio me ha tentado.
¡Qué bien dirá este tocado
a esta hidalga cabeza!
   El gentil, cristiano, el moro
esta diadema procura
a costa de su tesoro
porque vale más su hechura
que los quilates del oro.
   ¿Qué montes no ha derribado?
¿Qué mares no ha navegado?
¿Dónde no hizo traición
la codicia y ambición
de aquesto que aquí he hallado?
   Hace a las gentes airadas
los campos de sangre tiñe,
leyes funda mal guardadas,
y al fin las sienes que ciñe
son por ella idolatradas.
   Pero si el Reinar es sueño,

                          yo que agora soy su dueño,
                          Rey de un mundo he de ser hoy,
                          pues Rey de mí mismo soy;
                          que soy un mundo pequeño.
(Pónese la corona.)   La que siempre he deseado
                          a ver en mis sienes vengo,
                          pero soy un Rey pintado
                          pues que de Rey solo tengo
                          estar cual Rey coronado.
                             Mas, ya al orbe de la Luna
                          el mundo verá subidos
                          mis intentos. Aquí hay una
                          letra: «Con los atrevidos
                          es favorable Fortuna».

(Esta letra está en la banda del adarga.)

                             Dice bien. Tiene razón.
                          Tenga, pues mi corazón
                          atrevimiento gallardo.
                          Hijo soy, aunque bastardo
                          de Alfonso, Rey de León.

(Toma la lanza y adarga.)

                             El reino he de pretender;
                          que con esta lanza basto
                          a derribar el poder
                          del segundo Alfonso, el casto,
                          por ser medio hombre y mujer.
                             Ya que no hay hombre presente
                          que mi coronada frente
                          pueda ver y respetar,
                          yo mismo me he de mirar

en el cristal de esta fuente.
  Bueno estoy con tal trofeo;
mas, pues no veo mi rostro,
y en estas aguas le veo,
al Rey que he visto me postro,
pues que vasallos deseo.

(Llega entre unos ramos como en una fuente, y allí se está mirando, levantando la lanza al hombro, la adarga en el brazo, y la corona puesta, hace humillación a su sombra.)

  Para que pueda afirmar
que me han visto coronar,
plantas que quitáis enojos,
haced de las hojas ojos
con que poderme mirar.
  Pero examinarme quiero,
si sabré imitar los reyes,
ya en León me considero,
poniendo y quitando leyes,
el rostro grave y severo;
  afable con el leal,
airado con el traidor,

(Hace todos los ademanes que va diciendo encima de la fuente.)

con todo[s] semblante igual,
modesto en el bien mayor,
compuesto en cualquiera mal,
  derecho el cuerpo ha de estar,
los ojos no han de mirar,
la cabeza quieta y alta.
¡Reinarse! Solo me falta
gente y reino en quien Reinar.

                            Soy un Rey sin posesión,
                            casi a reír me provoco,
                            de ver que mis reinos son
                            como reinos de hombre loco;
                            que está en la imaginación.
                                Pero a lanzadas haré
                            que los de Asturias me sigan,
                            y que los moros sin fe
                            al Rey Alfonso persigan
                            hasta que el reino me dé.

Ancelino (Aparte.)   (Pues que dispuesto le hallo,
                            quiero salir a animallo
                            fingiendo que me perdí.)

Mauregato   Un hombre viene hacia mí.
                            Esta vez tengo un vasallo.
                                    ¿Quién eres? ¿Adónde vas?

Ancelino   Buscando al gran Mauregato.

Mauregato   ¿Hasle tratado?

Ancelino   ¡Jamás.

Mauregato   ¿Qué quieres?

Ancelino   Darle un retrato.

Mauregato   ¡Buena prenda le darás!
                                ¿Es de dama?

Ancelino   Y tan fiel
                            que muere de amores de él.

Mauregato	¿Tanto le quiere?
Ancelino	Le adora
y le está esperando agora.
Mauregato	Pues, hablando están con él.
Ancelino	Besaré tus pies.
Mauregato	Levanta,
el retrato manifiesta.
¿Tiene hermosura?
Ancelino	Que espanta.
Mauregato	¿Y quién es la dama?
Ancelino	¡Aquésta!

(Descubre Ancelino un tafetán donde está pintado un león. Puede ser el mismo pendón que sacaron al principio.)

Mauregato	Nunca vi hermosura tanta.
Ancelino	Ésta se quiere entregar
a tu valor singular;
que el esposo que ha tenido,
como siempre casto ha sido,
no la ha sabido agradar.
De esta dama que he mostrado
hoy será repudiado;
que para su condición
su esposa es vivo león
y para [ella] está pintado.

Mauregato (Aparte.)   (No va sucediendo mal
tu pretensión, Mauregato.
Corona hallaste real
y agora el reino en retrato;
¡él vendrá en original!)
   Imagen, que la belleza
te puso naturaleza
en dientes, manos y pies,
porque tu hermosura es
la invencible fortaleza,
   si mi imperio en la ciudad
que representes se ve
y me muestras voluntad,
un oso y tigre seré
con quien tengas amistad;
   pero bravo león, advierte,
que si te mostrares fuerte,
resistiendo a mi ventura,
seré gallo y calentura
que te dé temor y muerte.

Ancelino   Yo a servirte estoy propicio.

(Doble el tafetán; que lo ha tenido extendido hasta aquí.)

Mauregato   Subirás como una hiedra
arrimado a mi servicio.
Eres la primera piedra
de mi soberbio edificio.
   Para vasallo te prevengo,
y si en popa a crece vengo,
en valor has de crecer
que eres todo mi poder
pues más vasallos no tengo.

                        Eres mi reino.

(Salen Ramiro y Ordoño.)

Ramiro   No es
                tan pobre el reino que alcanzas
                porque agora tienes tres.

Mauregato   Ya crecen mis esperanzas.

Ordoño   Danos a besar tus pies.

Mauregato   Al pecho podréis llegar;
                que es más honrado lugar.

Ramiro   Es mucha merced el pecho.

Mauregato   A aquellos que Rey me han hecho
                este pecho he de pagar.

Ancelino   En tu edificio real,
                un triángulo seremos,
                y de tu Sol sin igual
                somos tres rayos que hacemos
                figura piramidal.
                  Tres vidas hemos de ser
                dispuestas a tu servicio
                las cuales han de hacer
                al cuerpo del edificio
                crecer, sentir y entender.
                  Llamarnos el que nos viera
                los tres luceros pudiera
                de tu cielo sin segundo,
                las tres partes de tu mundo,

        las tres zonas de tu esfera.
    De Alfonso fuimos criados,
pero a buscarte venimos
para volver más honrados.
Solo tu gusto pedimos
para darte sus estados.
    La justicia no permite
que tu sobrino te quite
lo que es tuyo de derecho.
Saca valor de ese pecho
que esta empresa facilite.
    De estas montañas vendrán
mil nobles asturianos
que su hacienda te darán,
y si faltaren cristianos,
los moros te ayudarán.

Mauregato	Seguidme, pues, con recato.
	Veréis, amigos, que trato
	con valor la empresa altiva.
Ancelino	¡Muera Alfonso!
Todos	¡Muera!
Ancelino	¡Y viva
	en su reino Mauregato!

(Vanse. Salen Bernardo en hábito de labrador y Sancha de labradora.)

Bernardo	No me nieguen luz también
	esos ojos que son cielos.
Sancha	Tengo celos.

Bernardo   No hay de quién;
          aunque no los llames celos
          sino rigor y desdén.
             Todo tiempo, oh Sancha ingrata,
          tu amor con desdén me trata,
          desde que a este monte y llano
          frescas flores da el verano,
          y el invierno helada plata.
             Solo tu rigor me aqueja
          desde que el Sol con su vuelo
          pasa un signo y otro deja
          bordando el raso del cielo
          con su dorada madeja;
             desde que empieza Diana
          y da fin el cruel Saturno
          con su cabellera cana
          a repartir por su turno
          los días de la semana;
             desde que en el firmamento
          con su rapto movimiento
          sale el Sol que al aire dora
          de las faldas de la Aurora
          y se esconde en su aposento;
             desde que la noche fría
          al melancólico suelo
          con sus lágrimas rocía
          hasta que se afeita el cielo
          con las colores del día;
             al fin, en mi pecho moras
          y tú, Sancha, me enamoras
          con tus partes más que humanas
          siglos, años y semanas,
          meses, noches, días y horas.

Sancha	Lisonjas falsas destierra cuando vienes de esa sierra que a pasos cazando mides, licencia a señor no pides para armarte e ir a la guerra. Pues si te da más cuidado la guerra que mi favor, ¿con esto no has declarado que has quebrado ya en mi amor pues que quieres ser soldado?
Bernardo	No puedo, Sancha, negar que es verdad; mas de esta suerte he pretendido ganar valor para merecerte.
Sancha	Y aun para olvidar.

(Sale Gonzalo, viejo, con gabán y báculo.)

Gonzalo	Bernardo. Sancha.
Sancha	¿Señor?
Gonzalo	¿Qué tratáis?
Bernardo	Hemos tratado: yo cosas de cazador...
Sancha	Y yo de las ruecas que he echado de mi costura y labor.
Gonzalo	Honrado entretenimiento.

(Habla aparte Sancha a Bernardo.)

Sancha: Trátale del casamiento.

Bernardo: Y si no, ¿te doy enojos?

Gonzalo: ¿Qué es lo que pides?

Bernardo: ¿Los ojos
no han dicho mi pensamiento?

Gonzalo: Yo no puedo adivinar.

Bernardo: ¿Qué te puedo yo pedir?

Gonzalo: Mil cosas que puedo dar.

Bernardo: Pues, ¿qué ganó, por servir, Jacob?

Gonzalo: ¿Te querrás casar?

Bernardo: Eso propio.

Gonzalo: ¿Y es la esposa?

Bernardo: ¿No ves tú quién puede ser?

Gonzalo: ¿Sancha?

Sancha: ¿Yo?

Bernardo: Era melindrosa.
Quiere ella ser mi mujer

y agora está vergonzosa.

(Tocan dentro una caja de marchar.)

Bernardo   Pero, señor, ¿no has oído?
Soldados han descendido
de la montaña esta vez.
Sola una espada, pardiez,
y la bendición te pido.
   Si verme entre moros puedo,
la espada te pagaré;
porque si muerto no quedo
corvos alfanjes traeré
de los moros de Toledo.
   De Córdoba, borceguíes
que allá dicen marroquíes;
de Granada almohadas
de grana y oro labradas
que parezcan de rubíes;
   caballos de los que cría
la fértil Andalucía;
la manteca de azahar
que el moro suele enviar
de Valencia a Berbería;
   y si soldado me nombras
en estas plantas y riscos
que a tu casa hacen sombras,
pondré alquiceles moriscos,
turcos bonetes y alfombras.

Gonzalo   Si quieres ser desposado,
¿cómo has de ir a ser soldado?

Bernardo   Bueno es casarse, señor,

	mas...
Sancha	¿qué dices?
Bernardo	Que es mejor estar ya, Sancha, casado.
Gonzalo	¡Ah, señor, la inclinación descubre su natural! ¡Ah, columna de León! ¿Cómo en aqueste sayal no cabe tu corazón?

(Sale Suero Velásquez.)

Suero	Noble casa [en] que nací con bienes y honra, ya tienes un hijo pródigo en mí; que el otro volvió sin bienes, yo sin honra vuelvo a ti. 　De verme en ti se recate el padre que me desea; porque mejor es que trate que yo la ternera sea que mi venida se mate.
Gonzalo	Hijo.
Bernardo	Señor.
Suero	Con tal nombre nadie me llame ni nombre. No soy el que has engendrado porque el hombre deshonrado

　　　　　　　　　el ser ha perdido de hombre.
　　　　　　　　　　No des los brazos, señor,
　　　　　　　　　a una hiedra que ha trepado
　　　　　　　　　por los muros de tu honor;
　　　　　　　　　y hoy en el mundo ha derribado
　　　　　　　　　con su pequeño valor.
　　　　　　　　　　A la cámara real
　　　　　　　　　tu retrato has ofrecido,
　　　　　　　　　y díjole un desleal
　　　　　　　　　«miente»; que no ha parecido
　　　　　　　　　al famoso original.
　　　　　　　　　　Calló como hombre pintado
　　　　　　　　　tu retrato, y deshonrado
　　　　　　　　　de la corte el Rey lo echó.
　　　　　　　　　Si soy tu retrato yo,
　　　　　　　　　ya, señor, estoy borrado.

Gonzalo　　　　　Dime con razón más clara
　　　　　　　　　para matarte tu lengua.

Suero　　　　　　Sobra vergüenza en la cara
　　　　　　　　　y falta aliento en la lengua
　　　　　　　　　del que sus faltas declara.
　　　　　　　　　　Ancelino, un secretario
　　　　　　　　　del Rey que soberbia y fama
　　　　　　　　　le ha dado el tiempo voltario,
　　　　　　　　　quiso también a mi dama
　　　　　　　　　como loco y temerario;
　　　　　　　　　　toda la noche y el día
　　　　　　　　　con recados la ofendía.
　　　　　　　　　Advertílo, replicóme;
　　　　　　　　　enfadéme y ofendióme,
　　　　　　　　　y díjele que mentía.
　　　　　　　　　　A su espada mano echó;

yo a la mía. Fui tras de él.
Vino el Rey y preguntó:
«¿Qué es aquesto?» Entonces él
dijo que me desmintió;
 yo que estaba inadvertido
porque él era el desmentido,
quise hablar. Quedé confuso;
el Rey en medio se puso
y con él quedé ofendido.

Gonzalo Cobarde hijo, desvía;
pues quebraste de esta vez
un báculo que tenía
para arrimo a la vejez
de esta sangre helada y fría.
 ¿A casa de un padre honrado
vuelves sin satisfacción
del honor que te han quitado?
¿Quien sale así de León
en un cordero se ha entrado?
 Imprimieras en su cara
tu mano corta y avara,
y cumplieras con la ley
de quien eras; aunque el Rey
la cabeza te cortara.
 No me diera la tristeza
la muerte que tu deshonra;
que el pecho donde hay nobleza
ha de redimir su honra
a costa de su cabeza.
 ¿A tu casa vuelta das?
Tahur del honor serás;
que en la corte lo jugaste
y en perdiendo el que llevaste

         vuelves a casa por más.
   Pero yo advertirte quiero
que si al dado o al tablero
tu legítima perdieras,
volver a casa pudieras
para llevar más dinero;
   pero agora, sabe Dios,
que con esto que has perdido
quedamos pobres los dos.

Bernardo   Bernardo es el ofendido,
no vertáis lágrimas vos.
   Don Suero estará vengado
si acaso está declarado
en las leyes del honor;
que la ofensa del señor
puede vengar el criado.
   Soy magnánimo gigante
que escalar los cielos pienso.
Soy colérico elefante
con la sangre de la ofensa
que me ponen hoy delante.
   Soy tigre que voy buscando,
como leona bramando,
el hijo a quien tuve amor;
que es la honra de un señor
con quien yo me estoy honrando.
   Con tus agravios estoy
como un mar con su tormenta;
bramidos de toro doy
en el coso de tu afrenta.
Rayo de esta nube soy;
   a la corte voy. Perdona,
no me detenga persona

	que le perderé el decoro;
	que soy elefante, toro,
	tigre, mar, rayo, leona.
Gonzalo	Bernardo, vuelve. ¿Adó vas?
Bernardo	No podré, que soy río
	que tornar no puedo atrás.
Gonzalo	Pues, ¿qué pudo el honor mío?
	Torna tú; que sí podrás.
	Esta venganza que ordena
	el que a su honor satisface,
	como virtud y obra buena;
	que aprovecha a quien la hace
	más que le vale la ajena.
	Como una moneda ha sido
	la satisfacción honrada;
	que entre nobles no ha corrido
	si acaso no está acuñada
	por mano del ofendido.
	Deja que sepa ganar
	lo que ha sabido perder;
	que hasta que se vuelva a honrar
	ni a mi mesa ha de comer,
	ni en mi casa ha de entrar.

(Vase don Gonzalo.)

Suero	Tiene mi padre, Bernardo,
	mucha razón. Solo aguardo
	tu consejo y tu favor.
Bernardo	Hallarás en mí, señor,

                un corazón muy gallardo.

Suero   Parte, Bernardo, a León
                y sabe si al secretario
                le tiene agora en prisión
                el Rey; que fue mi contrario
                en esta satisfacción.
                   Habla a don Sancho, mi tío,
                que aunque el enemigo mío
                no tiene mi calidad,
                fijarás por la ciudad
                carteles de desafío;
                   y en tanto, amigo, que vienes
                en estas sierras aguardo.

(Vase don Suero.)

Bernardo   En mí, criado mantienes
                que te servirá.

Sancha   ¡Ah, Bernardo!

(Al irse, ásele Sancha a Bernardo.)

                ¡Ah, traidor, qué prisa tienes!
                   ¿Sin despedirte de mí
                te vas a la corte así?
                Bien con esto me has mostrado
                que te doy poco cuidado.

Bernardo   No me voy si quedo en ti.

Sancha   Sí, te vas; pues que me dejas.
                ¿Qué me tienes de traer?

Bernardo	Zarcillos a las orejas
	que sordas quisieron ser
	a mis lástimas y quejas;
	gargantillas de cristal
	que parezcan en tu cuello
	azabache natural;
	cintas para tu cabello;
	para tus brazos coral
	traeré, pues mucho te debo;
	un verde sayuelo nuevo
	en que mis esperanzas esté;
	y a ti misma traeré
	en el lugar que le llevo.

(Vase. Salen Mauregato, Ancelino, Ramiro y algunos moros. Saquen una caja sin tocarla y una bandera cogida.)

Mauregato	Espero coronarme antes del día,
	agora que la noche está en silencio
	por vuestro gran valor, alarbes moros
	y la justicia que en mi empresa tengo.
Capitán	Prosigue valeroso Mauregato
	en hacer inmortales hoy tus hechos.
	Contigo tienes moros valerosos
	que a pesar de la muerte, envidia y tiempo
	el reino te han de dar, cuya corona
	tu nombre hará escribir en bronce eterno.
	Solo te falta confirmar agora
	las condiciones que tratado habemos.
Mauregato	Capitán, el más fuerte que en España
	con cristianos milita, yo prometo,

                    por los sagrados que nos miran,
                    de ofrecer a los moros largos pechos.
                    Cien doncellas daré, las más hermosas
                    que el Sol con su dorado movimiento
                    alumbra entre cristianos, las cincuenta
                    hijas de algo, cincuenta labradoras
                    que en tributo daré todos los años.
                    Podéis, para regalo y pasatiempo
                    escoger en el reino a vuestro gusto;
                    que todo mi poder ha de ser vuestro gesto.

Capitán   Con ése puedes ya darnos el orden
                    que habemos de guardar.

Mauregato   Eso lo dejo
                    a la industria y discurso de Ancelino.

Ancelino   Si el mío ha de seguirse, es vencer presto
                    sin aguardar batalla rigurosa,
                    y ya que hemos llegado con secreto
                    junto a los muros de León famoso,
                    pues el portillo para entrar sabemos,
                    en linternas que tengo prevenidas
                    luces pongamos; que encubiertas dentro
                    cuando en los fuertes muros nos veamos
                    las luces en un punto sacaremos.
                    La gente que está dentro, descuidada
                    deslumbrada, después tanta luz viendo,
                    asombrada del son de las trompetas
                    y sonorosas parchas, tendrán miedo.
                    Apenas podrán ver a donde huyan.
                    Si queremos matar, muerte daremos,
                    si vencerlos no más, en esta noche
                    por vencidos los cuento desde luego.

	La grande Jericó fue así ganada;
	imitemos agora a los hebreos.
Mauregato	¡Industria milagrosa! Entremos, guía;
	que el reino ha de ser nuestro antes del día.

(Vanse. Salen el Rey Alfonso y Tibaldo.)

Tibaldo	Ya, señor, como mandaste
	dejo en ásperas prisiones
	a don Sancho de Saldaña,
	en el cubo de una torre.
	Con buen ánimo me dijo:
	«Pienso sufrir estos golpes
	con que el tiempo ha derribado
	el crédito de este conde,
	porque el vasallo leal
	siempre ha de vivir conforme
	con la voluntad del Rey
	si se ha de preciar de noble.
	Y como no es cosa nueva
	que una nave se trastorne
	[......................]
	cuando el mar salado rompe,
	no es nuevo que en este mundo
	caiga de su trono un hombre,
	pues son olas inquietas
	las privanzas de las cortes.
	A su majestad suplico
	que mis defectos perdone,
	y pues que ya están proscritos,
	con su clemencia los borre.»
Alfonso	No era Rey ni yo sabía

             su malicia y culpa entonces,
             siendo Rey, cupe mi agravio.
             Sufra pues, padezca y llore.

(Dentro [tocan] a rebato y dan voces.)

Voces   ¡Viva! ¡[Viva] Mauregato!
             ¡Rey ha de ser esta noche!

Alfonso   ¿Quién alborota a León
             con rumor de guerra y voces?

(Sale un Criado alborotado.)

Criado   Ampara, señor, tu reino
             y a tus vasallos socorre,
             antes que de su ruína
             y de ellos la muerte llores.
             Esta noche miserable,
             no sé cómo ni por dónde,
             en León se ha entrado gente
             que ni se ve ni conoce.
             Entre las voces y gritos
             que van dando, solo se oyen
             de Mauregato y de Alfonso
             de cuando en cuando los nombres.
             Los de León que esto ven
             luego a salir se disponen.
             Vuelven ciegos, deslumbrados
             de diversos resplandores.
             Con linternas encendidas,
             con luces y con faroles
             van todos y de esta suerte
             cualquiera los desconoce.

>   Ni sabemos si son moros,
>   ni franceses ni españoles;
>   que Mauregato ha incitado
>   a ser contigo traidores.
>   Mas sin duda son leoneses,
>   pues con tal secreto y orden
>   han ganado sin ser vistos
>   los alcázares y torres.

Alfonso   Dios, a cuya providencia
            nada se encubre ni esconde,
            los castigos nos envía
            conforme a las intenciones.
            Sin duda no soy buen Rey
            pues Dios que lo reconoce
            tan sin pensarlo me quita
            el reino y me deja pobre;
            pero si valen defensas,
            hidalgos, alarma toquen.
            Pues sois hijos de un León,
            por fuerza seréis leones.

(Vanse. Tocan al arma. Salen por la puerta dos [ciudadanos] de León huyendo de los moros.)

Moro I   El que quisiere la vida,
            Rey a Mauregato nombre.

Ciudadano I Morir quiero y ser leal.

Moro II   Pues, repare estos dos golpes.

Moro I   Ríndete.

Ciudadano II   Tengo valor.

Moro I   Niega, pues, en altas voces
                           que es Rey Alfonso.

Ciudadano II   No quiero.
                           ¡Viva!

Moro II   ¡Que así nos deshonres!

(Tocan. Sale el Capitán moro y otros tras Tibaldo.)

Capitán   ¿Has conocido, cristiano,
                           otros brazos más feroces?

Tibaldo   Resistencia hay en los míos.

Capitán   ¡Mientras que yo no los corte!
                         Ríndete humilde a mis pies
                         porque tu pecho perdone.

Ciudadano I   Entreguémonos.

Tibaldo   No es justo.

Ciudadano I   No hay otro medio que importe.

(Salen los más que pudieren de León.)

Tibaldo   ¡Viva, Alfonso!

Ciudadano II   Es imposible
                         que al perdido reino torne.

(Asómase Mauregato a lo alto, armado, coronado, con una lanza al hombro y dos moros a los lados con dos hachas encendidas.)

Mauregato   Hidalgos asturianos,
cuyos famosos blasones
hará perpetuos el tiempo
para que a los reyes honren,
Mauregato es el que os habla,
el que ha vivido entre montes
para sufrir como ellos
la máquina de esta corte.
Un Rey tenéis valeroso
con pecho de duro bronce,
y de fuerzas tan extrañas
que gobierna entero un roble.
Díganlo en esas Asturias
osos y ciervos veloces
que aquestos desguijaraba
a falta de los leones.
No habrá desde el claro Betis
hasta los hielos del Tormes
castellano ni andaluz
a quien mis fuerzas no asombren.
Hijo soy de Alfonso el magno,
Rey vuestro y de los mayores
que han dado temor al mundo
con su valor y su nombre.
Si Alfonso Reinar quisiere
nueva gente, y reinos cobre,
salga a prisa de los míos
antes que el cuello le corte;
que ya en Oviedo y León
he mandado que tremolen
en posesión de los reinos

mis no vencidos pendones.
El que quisiere seguirme
las insignias de paz tome
antes que el cercano día
descubra sus arreboles.

(Quítase Mauregato y vase a entrar y detiénese a las voces de Alfonso que aparece en otro muro con otras dos hachas a los lados.)

Ciudadano I	Hidalgos, viva quien vence. Sigamos los vencedores.
Ciudadano II	Mauregato es nuestro Rey. Su cabeza se corone.
Alfonso	Descendientes de los godos, ¿dónde está la sangre noble que vuestras venas criaban? ¿Dónde vais? ¿A ser traidores? Vuestro legítimo Rey, ¿es razón que se despoje de las insignias reales para que un bastardo adornen?
Tibaldo	¿Quién nos habla?
Alfonso	Vuestro Rey.
Tibaldo	Huye, Alfonso, no provoques el pecho de Mauregato porque su vida perdone.
Alfonso	¡Vasallos!

Ciudadano I   Ya no lo somos.

Alfonso   Los leales cazadores,
                   ¿dónde están?

Ciudadano II   En nuestros pechos.

Alfonso   ¿Quién los ciega?

Tibaldo   Dos temores:
                   de tu vida y de la nuestra.
                   Por todos peligro corre.
                   Golpes son de la Fortuna.
                   Ni nos culpes, ni te enojes.

(Vanse y queda Alfonso solo.)

Alfonso   Ya, reino, perdido vas.
                   Plega a Dios no hayas perdido
                   la fe con que agora estás
                   y que por malo que he sido
                   no me eches menos jamás.
                       Plega a Dios, muerto León,
                   que seas el de Sansón
                   y que en ti nazca un panal
                   para tu bien y por mal
                   de la morisca nación.
                       A Navarra voy huyendo,
                   no por temor de la muerte
                   sino porque así pretendo
                   con un ejército fuerte
                   ganar lo que estoy perdiendo.
                       Tú, León, en quien me vi
                   diferente del que aquí

      mientras que volver no pueda
      todo también te suceda
      que no te acuerdes de mí.

(Vase. Sale Bernardo con un cartel y un bastón.)

Bernardo   Gracias a Dios que en León
      me hallo y adonde espero
      dar a mi señor, don Suero,
      honrada satisfacción.
       En aquesta mármol frío
      y más que mi Sancha duro
      fijaré por más seguro
      el cartel de desafío.

(Salen Ramiro y Ordoño.)

Ramiro   Hacernos debe mercedes
      el Rey con pródiga mano.

Ordoño   Papeles fija un villano
      en mármoles y paredes.
       ¿Qué será?

Ramiro   No sé qué sea.
      Preguntárselo deseo.

Ordoño   Labrador, ¿es jubileo
      que se gana en vuestra aldea?

Bernardo   Una indulgencia es, señor,
      que la gana una persona,
      y con ella se perdona
      un deseo en el honor.

Ordoño	¿Qué Papa la ha concedido?
Bernardo	El papa del desagravio, / y cualquier honrado y sabio / la gana si está ofendido.
Ordoño	Nuevos pontífices son.
Bernardo	Sí, que también en el suelo / tiene las llaves del cielo / la justicia y la razón.
Ramiro	Si es cédula de alquiler / o venta de vuestros bueyes / en las casas de los reyes / no es bien que ese escrito esté.
Ordoño	¿Qué alquiláis, villano honrado?
Bernardo	Deshonrado caballero, / yo mismo alquilarme quiero.
Ordoño	¿Y es vuestro oficio?
Bernardo	Extremado. / Sé castigar socarrones / que en las cortes adulando / los vientos andan papando / para ser después soplones. / Castigo los lisonjeros / que siempre han sido sus fines / hacer de abuelos ruínes / nietos grandes caballeros.

         Al que nació en pobre estado,
     y el mundo volando mira,
     en alas de la mentira
     que ha vestido y afeitado.
         Al que ayer sirviendo vi
     para ser mozo, aunque viejo,
     que quiere ser del consejo
     que no tiene para sí,
         los que no quieren iguales
     siendo en esto como Dios,
     éstos castigo.

Ramiro   A los dos,
     ¿por qué nos tienes?

Bernardo   Por tales.

Ramiro   ¡Gracioso a fe!

Bernardo   Soylo poco.
     Vosotros sí, que vivís
     con gracias.

(Salen Ancelino y un Moro con su adarga.)

Ordoño   Los dos venís
     a tiempo de ver a un loco.

Moro   ¿Qué hace en aquella puerta?

Bernardo   No hago ningún yerro.
     Esperando estaba un [perro]
     para llevar a mi huerta.

Ancelino	Gusto el villano nos siente.
Bernardo	Cualquier perro o cristiano que me llamare villano, téngase dicho que miente.
Ordoño	Pues, ¿qué eres?
Bernardo	Un labrador tan honrado como él; que he puesto aqueste papel en nombre de mi señor.
Ancelino	Quitadlo para romperlo.
Bernardo	Pues yo, ¿de qué sirvo aquí?
Ramiro	De mirar.
Bernardo	Pues, ¿no hay en mí valor para defenderlo?

(Llega Ramiro a quitarle y no se atreve.)

Bernardo	¿Dónde vas?
Ramiro	A hacerlo pedazos.
Bernardo	Llegue, pues, el fanfarrón; sabrá lo que es un bastón regido por estos brazos.
Ancelino	¿Qué temes a este villano?

Bernardo	Ya se tiene un «miente» a cuenta.

(Llega Ancelino y no se atreve, y llega el Moro y va a bastonazos tras él.)

Ancelino	El que no es igual no afrenta.
Bernardo	Llegue, pues, llegue la mano.
Moro	Yo llegaré, y el papel rasgaré en tu misma boca.
Bernardo	Pues mire que si le toca que ha de ladrar como él. Huya el galgo pues que sabe correr, pues la caza sigue.

(Vase el Moro.)

Ordoño	Ancelino lo mitigue antes que aquí nos acabe.
Bernardo	¿Quién es Ancelino aquí?
Ancelino	Yo soy quien dijiste.

Bernardo	Pues,
	este cartel que aquí ves
	viene, traidor, para ti.
	   Don Suero te desafía.
	Señala campo y jueces
	y yo te reto mil veces
	de traición y alevosía.
	   El vestido y el calzado,
	la comida, armas y cama

          y cuanto tuyo se llama
          queda por traidor retado.
             Vasallo soy de don Suero
          de quien al Rey le dijiste
          que solo le desmentiste
          desmintiéndote él primero.
             Y así como su hechura
          te he dicho, falso, quien eres.
          Si de mí vengarte quieres,
          seguir mis pasos procura.

(Vase Bernardo.)

Ancelino   ¿Tal escucho y no le sigo?

Ramiro   En nada estás agraviado;
          que es un villano y criado
          de tu afrentado enemigo.

Ordoño   El papel rasga.

Ancelino   De enojos
          para rasgarlo y leer,
          fuerza y luz no he de tener
          en las manos ni en los ojos.

(Salen Mauregato y Elvira.)

Mauregato   Dama, en extremo he sentido
          que con tan poca cordura
          sin saber de tu hermosura
          a un capitán te he ofrecido.
             Pero ya mi corazón
          tanto se alegra de verte

                    que estimo más el perderte
                    que a este reino de León.

Ancelino   El Rey, ¿qué podrá querer
                    a mi Elvira?

Mauregato   Hoy será justo
                    que al ídolo de mi gusto
                    sacrifique tal mujer.
                        Dame un abrazo.

Elvira   ¡Ay, mi Dios!
                    Amparad la que os adora.

Ancelino (Aparte.)   (Yo seré tu amparo agora,
                    pues nos importa a los dos.)

(Vanse Ramiro, Ordoño y Ancelino.)

Mauregato   No muestres el pecho ingrato
                    porque abrazarte me atrevo.
(Tocan dentro a rebato.)   Algún motín hay de nuevo
                    pues que tocan a rebato.
                      Acudir quiero a saber
                    este escándalo y motín.
                    Espérame, serafín
                    en forma de una mujer.

(Vase Mauregato. Sale por otra puerta Ancelino.)

Ancelino (Aparte.)   (Buena industria fue la mía
                    para echar al Rey de aquí.
                    Amor, si vuelves por mí,
                    celebrar pienso este día.)

             Mi cielo, mi doña Elvira,
             cuyo norte y resplandor
             el aguja de mi amor
             tocada en tu piedra mira,
                por casada te he tenido
             con don Suero, y con recato
             hice Rey a Mauregato
             del Rey Alfonso ofendido;
                mas ya, Elvira...

(Sale el Capitán moro.)

Capitán (Aparte.)   (Esta cristiana
             desde el punto que fue mía,
             amores y celos cría
             con su vista soberana.
                Llevármela quiero ya.)
             Venid, señora, conmigo.

(Sale Mauregato.)

Mauregato   No tengo hasta aquí enemigo.
             Todo el reino quieta está
                que si el conde de Saldaña
             está preso, no ha de ser
             hombre que pueda ofender
             mi valor y fuerza extraña.

Capitán   Con tu licencia, señor,
             quiero partir.

Elvira (Aparte.)   (Y partirme
             el alma que tengo firme
             en mi ley.)

Ancelino (Aparte.) (Y yo en tu amor.)

Mauregato (Aparte.) (Pues que perdí la ocasión
y la prometí sin ver.
¡Paciencia, si he de tener
por una dama un León!)
Cuando quisieres, te parte
dejándome alguna gente
y al Rey darás mi presente.

Ancelino (Aparte.) (Elvira, ¿podré librarte?)

(Vanse. Sale Bernardo solo.)

Bernardo Si salgo fuera de León
y paso por esta torre,
siento una nueva pasión
y toda mi sangre corre
a alentar el corazón.
Torre que el cuello levantas
hasta las estrellas santas,
mucho vales, mucho puedes:
pues con tus mudas paredes
me alborotas y me espantas.
Alguna deidad se encierra
en tus archivos supremos;
que ha causado en mí esta guerra
porque ambas nos parecemos
en ser compuestos de tierra.
Oh, piedras, no seáis avaras
si algunas reliquias caras
tenéis en tanto silencio;
que os adoro y reverencio

                         como si fuérades aras.

(Sale el Capitán moro, otros dos [moros] y Elvira.)

Capitán   En mí un cautivo tendrás
                         y una voluntad muy llana,
                         y si tu ley vale más
                         el alma tendré cristiana
                         porque tú mi alma serás.

Elvira   Con razón mi suerte dura
                         el Mahoma de tu seta
                         me ha hecho, pues mi hermosura
                         ha sido un falso profeta
                         de la ley de mi ventura.
(Aparte.)   (¡Ay, reino mal gobernado!
                         ¡República de mil yerros!
                         De tu cuerpo me has cortado
                         y me arrojaste a los perros
                         como miembro cancerado.)

Bernardo (Aparte.)   (¿Tendrá Bernardo paciencia
                         viendo a una dama llorosa
                         llevada así con violencia?
                         No es mi Sancha tan hermosa
                         y perdóneme su ausencia.)
                         Brazos, aquí es menester
                         descubrir vuestro poder.
                         Dame tu favor a mí
                         para dártelo yo a ti,
                         hermosísima mujer.
                         ¿Va acaso de buena gana
                         esa dama con vosotros?

Capitán	¡Oh, qué pregunta villana! No; llevámosla nosotros.
Bernardo	¿Y sabéis como es cristiana?
Capitán (Aparte.)	Sí. (El villano es del cartel. Vengaréme agora de él.)
Bernardo	Pues, si han venido a cazar hoy la presa ha de quitar a tres galgos un lebrel. No va bien de esa manera un serafín con Mahoma, con lobos una cordera, con cuervos una paloma.
Capitán	¡Oh, villano! ¡Dadle! ¡Muera!
Bernardo	Ambas cosas cumpliré que la dama habéis de darme y yo también moriré cuando Dios quiera matarme.
Capitán	Sin ser Dios te mataré.
Bernardo	Dos vidas me habrás quitado si el alma doy en despojos, una la que Dios me ha dado y otra que me dan los ojos de ese cielo que he mirado. ¡Reparad, perros!

(Da en ellos.)

Capitán	¿Quién eres, monstruo de naturaleza?
Bernardo	Defensor de las mujeres.
Elvira	Dale mi Dios fortaleza si darme la vida quieres.
Bernardo	Noche seré negra y fría que os he de quitar el día porque este Sol, no es razón que se ponga hoy en León y que salga en Berbería.
Capitán	Muro soy de la milicia.
Bernardo	Hoy lo veré derribado por tu soberbia codicia porque soy rayo arrojado del trueno de la justicia.
(Huyen los moros.)	Cobardes, ¿por qué huís si tres y armados venís?
Capitán	Porque eres un Lucifer.
Bernardo	Ése no os puede ofender que es el Dios a quien servís. Tras de vosotros iría pero es presa sin provecho. Alégrese el triste día pues la niebla se ha deshecho que tu Sol escurecía. Por tu rostro y ojos bellos

                soy un cristiano Sansón.
                Mi fuerza está en los cabellos
                pero aquésos tuyos son
                que el valor me tiene de ellos.
                    Y pues ya segura vives
                si dones de hombres recibes,
                recibe la voluntad
                de quien te dio libertad

                para que tú le cautives.

Elvira   De quien me libre y rescata
                [recibo el favor.]

Bernardo   Me admira
                la modestia con que trata
                el donaire con que mira,
                y la prisa con que mata.

(Aparte.)   (Ya, Sancha, puedes creer
                que el amor pasado pierdo
                aunque en mucho has de tener
                que de tu nombre me acuerdo
                mirando aquesta mujer.)

Elvira   Caballero o labrador,
                sombra, espíritu o favor
                que del cielo me ha venido,
                ¿quién eres?

Bernardo   Ángel he sido
                de la guarda de tu honor.
                    De esa montaña nací;
                mis padres no conocí
                aunque en nada los imito
                pues cual cera me derrito

	después que tus ojos vi.
Elvira (Aparte.)	(¿Quién habrá que no se asombre de un labrador tan gallardo, tan urbano y gentil hombre?) [.................. Bernardo] [..........] ¿Cómo es tu nombre?
(Aparte.)	(Si el corazón no me engaña, éste es hijo de Jimena y del conde de Saldaña.)

Bernardo	Aunque la estancia no es buena,
	vamos, dama, a esa montaña.
	    Verás las sierras hermosas
	que viste abril de librea,
	guarnecidas de sus rosas
	y el diciembre las platea
	con nevadas mariposas.
	    Siempre las pacen ganados;
	las ovejas valedoras
	entre los valles y prados,
	y las cabras trepadoras
	entre los riscos pelados.
	    De sus ásperas entrañas
	brotan agua las montañas
	que cuajada en cristal frío
	cae despeñada en un río
	enramado de espadañas.
	    Allí en robles erizados
	las abejas cuidadosas
	labran panales dorados
	picando flores y rosas
	de los árboles y prados.
	    Así mi pecho fiel

te dará mil cosas buenas;
un oso seré cruel
que descorcharé colmenas
para sacarte la miel.
 En abril la tierna almendra
el pámpano y el hinojo
que entre las zarzas se engendra
el clavel temprano y rojo
con el lirio y con la cendra;
 el mayo que amor enseña
te dará la guinda roja,
regalada aunque pequeña
en junio la breva floja
y la amarilla cermeña;
 el julio la suave pera
que almizque hurto el olor
y el color robó a la cera,
la manzana que dolor
causó a la mujer primera;
 en el agosto abrasado
las uvas en su sarmiento,
en el septiembre templado
con el durazno avariento
el membrillo más guardado;
 el octubre en quien helada
muestra su cara el otoño,
la castaña que está armada
arrebolado el madroño,
y la nuez encarcelada;
 y porque más viva esté
la memoria entre los dos,
un alma al fin te daré
tan amable para Dios
según nos dice la fe.

Elvira	Como obligada le estoy, aficionándome voy.
Bernardo	¿Qué me dices?
Elvira	Que te digo.
Bernardo	Llevando tu Sol conmigo una esfera cuarto soy.

(Vanse los dos.)

Fin de la segunda jornada

Jornada tercera

(Salen doña Elvira y Bernardo.)

Bernardo
          Ya en las montañas estamos
donde el lobo huye de día,
saltan los ligeros gamos,
el águila en peñas cría,
y el pajarillo en los ramos.
    Esta casa que señalo
es del noble don Gonzalo
de quien yo labrador soy,
y donde palabra doy
que no faltará regalo;
    pues yo, porque tú me quieras,
del aire derribaré
todas las aves ligeras,
y en los montes mataré
las más selváticas fieras.
    Traeré la perdiz lozana
con el pico y pies de grana
a quien Dédalo envidió
porque la sierra inventó
cuando fue persona humana,
    el jabalí colmilludo
que a pesar de Venus pudo
ver a Adonis muerto y frío,
y sacaré de ese río
la lisa anguila y pez mudo.

(Sale Sancha a la puerta.)

Bernardo
          Aldeanas juntaré
si la soledad te agravia.

       Solo al Fénix no traeré
       porque habiendo de ir a Arabia
       en tu ausencia moriré.

Elvira   Yo para dejar pagadas
       voluntades como aquéstas,
       te haré de seda pintadas
       polainas para las fiestas
       con dos camisas labradas.
        Pañuelos de holanda fina,
       con cuadros en cada esquina,
       cordones, cuantos gastares,
       y el día que te casares
       te serviré de madrina.

Sancha   Antes debéis de venir
       a ser vos la desposada.

Bernardo   ¿Celos me viene a pedir?

Sancha   Más sola y más deseada
       te pensaba recibir.
        De la jornada que has hecho
       vuelves con mucho provecho
       pues que por esta señora
       trocaste una labradora
       que llevabas en el pecho.
        Entre tantos terciopelos,
       ¿quién dudara que olvidaste
       las sortijas y sayuelos
       y el coral que me mandaste?

Elvira   Donosas están los celos.

Bernardo	¿Por qué, mi Sancha, estás triste?
	Si en tal espejo te viste,
	donde el mismo Sol se ve,
	que con él te traigo a fe
	todo lo que me pediste.

(Sale Suero.)

Suero	Mi Bernardo.
Bernardo	Mi señor.
Suero	Seas bienvenido a fe.
	¿Mostraste ya tu valor
	en mi defensa?
Bernardo	Reté
	a Ancelino de traidor.
	Carteles puse en León
	donde ya los moros son
	el regimiento y gobierno,
	y un ángel de Dios eterno
	traigo a casa en conclusión.
	Míralo.
Suero	¿Qué es lo que veo?
	¡O sueño lo que deseo
	o me favorece Dios!
	¿Mi doña Elvira, sois vos?
	Porque casi no lo creo.
Elvira	Bien dudaste y bien creíste
	que yo quién era no soy,
	como tú no eres quién fuiste.

Suero	Loco de contento estoy.
Elvira	Y yo estoy loca de triste.
Suero	Hoy, y con mucha razón, no cabe en mi corazón el bien que en mi casa tengo.
Elvira	A las de tu padre vengo, y no porque tuyas son.
Sancha	Buenos sus amores van. Basta que ha sido alcahuete pretendiendo ser galán.
Bernardo	¿Quién con Elviras me mete si Sanchas favor me dan?

(Sale don Gonzalo.)

Gonzalo	¿Qué dama es ésta que mira este monte? ¿Es doña Elvira?
Elvira	Las manos, señor, me dad.
Gonzalo	Vuestra venida contad que me suspende y admira.
Elvira	Huyendo de la injusticia y no de justicia vengo; que quien huye sin delitos se retrae en tales templos. Dos contrarios tiene el mundo

que son la muerte y el tiempo;
ellos deshacen sus cosas
y así mi bien han deshecho.
Después que el Rey don Alfonso
tiene al de Saldaña preso,...
que siempre el cielo, aunque tarda,
castiga pecados viejos...
después que está penitente
Jimena en un monasterio
donde con gusto del alma
padece penas el cuerpo,
la Fortuna variable
el castigo de los cielos,
el gran descuido de Alfonso,
y los pecados del reino
trajeron a Mauregato
y a diez mil moros trajeron
a los muros de León
una noche con secreto.
El soberbio Mauregato
como un Lucifer soberbio
quitó la silla de Alfonso;
que el Rey es dios en el suelo.
Pero aquí faltó un Miguel
que con brazo justiciero
quien como Alfonso dijese
derribando los soberbios.
Coronóse Mauregato
y a Alfonso puso en destierro
mostrando en aquestos días
que su reino es, solo, entero.
Siguiéronle los más nobles
porque el interés y el miedo
son dos cosas que derriban

los honrados pensamientos.
A los moros sus amigos
de Badajoz y Toledo
les ofreció cien doncellas
—¡Oh, bárbaro ofrecimiento!—.
Él ha impuesto este tributo
y si agora paga censo
la santa virginidad,
plega a Dios no sea perpetuo.
Era cosa lastimosa
mirar a los padres viejos
llorando como unos niños
que el amor es padre tierno,
las madres viendo sus hijas
se arrancaban los cabellos
dando voces y arrojando
hebras de plata en el suelo.
Muchas de las tristes hijas
despedirse no pudieron
que los suspiros y el llanto
cortaban la voz y aliento.
Toda fue una confusión,
plegarias, votos, deseos,
exclamaciones y gritos,
y el Rey más duro con esto
que un corazón obstinado
más se endurece con ruegos,
y al que es tirano deleita
un lastimoso suceso.
Cupe en suerte a un capitán,
y Bernardo llegó a tiempo
que iba mi honor peligrando
entre ladrones intentos.
Fue en mi tormenta dudosa

                el resplandor de Santelmo,
                y en mi diluvio el arco
                que en señal de paz me dieron.
                Libróme de muchos moros
                con aquel nudoso fresno
                y huyendo de mis desdichas
                con él a tu casa vengo.

Gonzalo   ¡Ay, desdichado León!
                ¡Ay, Asturias! ¡Ay, Oviedo!
                ¡Qué miserias y ruínas
                te vienen ya persiguiendo!
                Entremos, Elvira, en casa
                que tanto estas cosas siento
                que solo vuestra venida
                me servirá de consuelo.

(Éntranse.)

Suero   De esta suerte mi venganza
                no puede tener efecto;
                mas pues mi dama he cobrado
                el honor cobrar espero.

(Vase. Sale Mauregato dando voces.)

Mauregato   ¿No sabéis mi condición?
                Que con mi brazo robusto
                pegaré fuego a León
                si contradice mi gusto
                como a Roma hizo Nerón.
                   Haré como otro Anibal,
                de cuerpos humanos puentes.
                Siendo a Falaris igual,

haré que bramen las gentes
en un toro de metal.
   Por las divinas estrellas
que alumbran los altos coros
que las casadas más bellas
se han de entregar a los moros
cuando faltaren doncellas.
   Matarélas como Atila
si no van de buena gana.
Seré un Mario, seré un Scila
vertiendo sangre romana;
seré otro godo Totila.
   Mi imperio no es tiranía
y justas mis obras son.
¡Qué extraña melancolía!
Golpes me da el corazón
cercado de sangre fría.
   Los miembros están sudando,
la vista me va faltando...
¡De repente tanto mal!
Pero yo, ¿no soy mortal?
¿De qué me estoy admirando?

(Van saliendo unas figuras enlutadas con hachas, otro con una bandera arrastrando y otro con un cuerpo en los hombros a modo de entierro y detrás una figura de Demonio con una cadena en las manos.)

   Aquéstas, ¿qué luces son:
¡Caso extraño! ¿Qué visión
tengo delante los ojos?
¿Son sueños, sombras, antojos:
¿Es entierro o ilusión?
   Dime, amigo tú, lo cierto.

Primero   Llevamos a Mauregato

a enterrar.

Mauregato (Aparte.)   (Yo no estoy muerto.
¿Cómo aquesto no los mato?
Pero yo, ¿no estoy despierto?)
¿Quién es éste que lleváis?

Segundo   Mauregato.

Mauregato   ¿Dónde vais?

Tercero   A enterrarlo.

Mauregato   ¿Quién decís?

Primero   Mauregato.

Mauregato   ¿A qué venís?

Segundo   A enterrarlo.

Mauregato   ¿Hoy me matáis?
Sombra, espíritu, figura,
¿dónde vas?

Demonio   Por Mauregato.

Mauregato   ¿Adónde?

Demonio   A la sepultura,
a llevar el cuerpo ingrato
con el ánima perjura.

(Van pasando, éntranse. Quiere echar mano Mauregato a la espada.)

Mauregato   Oye, escucha, espera, advierte.
Probarás mi brazo fuerte;
mas levantarme no puedo.
Estas sombras con el miedo
han querido darme muerte.
    Rabio y pierdo la paciencia.
Sierpes me rompen el pecho,
pero sierpe es la conciencia
del que mala vida ha hecho
y muere sin penitencia.
    El corazón se me abrasa.
Gente de mi reino y casa,
venid. Sabréis este día
que la humana monarquía
como un relámpago pasa.
    Un Sol fui que entré León
con resplandor y con fama,
y hoy estoy en Escorpión
que me muerde y que derrama
veneno en mi corazón.
    La misma muerte me hiere.
Quien mal hace, mal recibe.
El que mal vive, mal muere,
y quien como bruto vive,
morir como bruto espere.

(Quédase muerto en la silla. Suena dentro un tronador. Sale Ancelino.)

Ancelino   Hoy he visto una doncella
que oscurece al mismo Sol.
Solo tú, Rey español,
eres digno agora de ella.
    Su majestad, ¿qué imagina?

　　　　　　　　¿Duerme? Mas, ¡ay, dura suerte!
　　　　　　　　Que a solo Dios y la muerte
　　　　　　　　el Rey la cabeza inclina.
　　　　　　　　　Pues él ha inclinado tanto,
　　　　　　　　muerto está que a Dios no mira.
　　　　　　　　Su rostro negro me admira.
　　　　　　　　Sus ojos me dan espanto.
　　　　　　　　　Si el Rey murió de repente,
　　　　　　　　¿qué fin podré tener yo?
　　　　　　　　Si está vivo... pero no;
　　　　　　　　que ni se mueve ni siente.
　　　　　　　　　El triste pecho me rompe,
　　　　　　　　la guarda quiero llamar;
　　　　　　　　pero no, yo he de Reinar
　　　　　　　　mientras que no se corrompe.
　　　　　　　　　El mundo ha de ver agora
　　　　　　　　un Rey muerto en un momento
　　　　　　　　y otro Rey que tiene intento
　　　　　　　　de Reinar solo una hora.

(Pónese Ancelino al lado de Mauregato y salen dos ciudadanos.)

　　　　　　　　　¡Ah, de la guarda! ¡Hola, gente!

Ciudadano I　　　¿Quién llama?

Ancelino　　　　　　　Su majestad.
(Aparte.)　　　　(Mi dañada voluntad
　　　　　　　　goce la ocasión presente.)
　　　　　　　　　Que pongáis en más prisiones
　　　　　　　　a don Sancho, el de Saldaña.
(Aparte.)　　　　(¿No es semejante hazaña
　　　　　　　　para todos corazones?)

(Vase el Ciudadano y vuelve.)

Ciudadano I   Muza ha llegado a esta puerta,
               ¿entrará?

Ancelino   Bien puede [entrar].

(Vanse los ciudadanos. Sale el capitán Muza.)

Ancelino (Aparte.)   (A mi Elvira he de cobrar
                      si de dolor no está muerta.)

(Ancelino hace que habla el Rey con el dedo.)

Capitán   Su majestad, ¿en qué entiendes?

Ancelino   Que prendáis a Muza luego
               manda el Rey.

Capitán   Agora llego.
               Mi venida, ¿en qué le ofende?

Ancelino   Porque su vida le priva
               de una dama que te dio.

Capitán   Un villano la quitó
               a los moros con quien viva.

(Los demás están al lado de Ancelino, que no pueden ver si está muerto Mauregato.)

Ancelino   El del cartel fue sin duda
               que se vaya presto fuera.

Capitán (Aparte.)	(Nunca este agravio creyera; mas cualquier hombre se muda.)

[Sacan preso al Capitán.]

Ancelino	Buscar quiero mujer bella. ¡Ah, de la guarda!
Criado	¿Señor?
Ancelino	Que vais por doña Leonor porque quiero gozar de ella.
Criado	Ya vamos.
Ancelino	Al camarero manda que venga.
Criado	Ya viene.
Ancelino (Aparte.)	(Todas las joyas que tiene gozar como Rey espero.)

(Sale el Camarero.)

Ancelino	Su majestad ha mandado que traigas de su tesoro todas las piedras y el oro.
Camarero	Voy por ellos.

(Vase el Camarero.)

Ancelino	¡Con cuidado!

> (Con esto no satisfago
> mi atrevido pensamiento,
> si como Rey no me asiento
> y si mercedes no hago.
>   Sentaréme, y quien me viere
> que es favor ha de pensar.
> ¡Qué gustoso es el Reinar!)

(Allega otra silla junto al Rey. Siéntase. Salen Ramiro y Ordoño.)

Ordoño	Ramiro está aquí.
Ancelino	¿Qué quiere?
Ramiro	A su majestad real quisiera hablar.
Ancelino	No podéis aunque título tenéis de capitan general y de conde.
Ramiro	Yo lo estimo. Besarle quiero los pies.
Ancelino	No lleguéis. Venid después.
Ramiro	Gran valor tiene mi primo.
Ancelino	Ordoño, su majestad os ha hecho su almirante. No estéis agora delante; que es cosa de calidad la que trata.

Ordoño   Sus pies beso
                   por merced tan infinita.

Ramiro (Aparte.)   (¡Qué a su lado se permita
                   asentarse!)

Ordoño (Aparte.)   (¡Extraño exceso!)

Ancelino (Aparte.) (Con majestad fingida
                   Rey soy de este reino incierto,
                   y alma soy de este Rey muerto
                   pues doy a su cuerpo vida.
                      En ambos el Rey está,
                   él con su cuerpo gobierna,
                   yo con alma aunque eterna
                   en esto no lo será.
                      Al fin son amigos ciertos
                   el Rey, el mundo, y la muerte;
                   pues por Reinar de esta suerte
                   estoy entre cuerpos muertos.)

(Sale un Criado alborotado y adentro tocan cajas.)

Criado   ¡Alfonso ha vuelto a su tierra
                   con [ejército] copioso!
                   ¡Levanta, Rey poderoso!
                   ¡Defiéndete! ¡Guerra, guerra!

Ancelino (Aparte.) (No puedo ya proseguir
                   con mi intento. ¿Qué haré?
                   Así disimularé.)
                   Salgámosle a recibir.
                      Levanta, señor, levanta.

                    No estés agora suspenso...
                    mas, ¡ay Dios! ¡Ay Dios inmenso!
                    Su negro rostro me espanta.
                        ¡Muerto está!

Criado   ¿Qué dices?

Ancelino   Digo
                    que está muerto.

Criado   ¿Así es verdad?

Ancelino   Ya tenemos libertad.
                    A Dios mil veces bendigo.
                        ¡Libertad tienes, León!
                    ¡Libertad, que el Rey es muerto!
                    ¡Libertad!

(Dentro.)

Voces   Si fuere cierto,
                    nuevas de contento son.

(Salen todos los más que pudieren y Tibaldo.)

Ancelino (Aparte.)   (Ya no lo son para mí;
                    que seguro no he de estar.)

Tibaldo   Todos vamos a mirar
                    si este suceso es así.

Criado   Sin duda Dios lo mató
                    por su mucha tiranía.

Tibaldo   Alegre y dichoso día
                   a su reino amaneció.
                      Con este cuerpo salgamos
                   para que el pueblo lo vea;
                   que ya su muerte desea
                   y a nuestro Rey recibamos.

(Meten a Mauregato en la silla.)

Ancelino (Aparte.)   (No es bien detenerme más.
                   Ocasión tengo oportuna.
                   ¡Ah, rueda de la Fortuna,
                   qué aprisa tus vueltas das!)

(Vanse. Sale don Sancho a un balcón aprisionado.)

Sancho   Prisión dura y larga
                   que deshaciendo vas mi sufrimiento,
                   sin duda serás amarga
                   porque un breve contento
                   suele ser causa de un mortal tormento.
                      Alfonso desterrado,
                   el Rey mil injurias hoy padece,
                   que todo se ha trocado
                   y solo permanece
                   la pena que mi ofensa no merece.

(Salen Bernardo y Suero de labradores.)

Bernardo   Ese vestido, señor,
                   otro labrador te ha hecho.

Suero   Soy, Bernardo, labrador;
                   siembro acechanza en mi pecho

	y pienso coger honor. Labro con esta mudanza el campo de mi esperanza, y si el disfraz aprovecha al tiempo de la cosecha será el fruto mi venganza.
Sancho (Aparte.)	(¿Si tendrá fin mi prisión? ¿Si habrá para tanto mal alguna consolación?)
Bernardo	No esperes suceso tal.
Sancho (Aparte.)	(¡Qué malos agüeros son! ¿No dicen unos serranos mal habrá favor o manos que me libren de esta suerte?)
Suero	Escapará con la muerte.
Sancho (Aparte.)	(Prodigios son inhumanos. Aunque no, pues me consuelo de ver estos labradores. Favorable está ya el cielo pues que me ofrece favores en las cosas de este suelo.)
Bernardo	En esta torre, ¿qué habrá?
Suero	En ella pienso que está mi tío en larga prisión.
Bernardo	¿Qué será? Que el corazón extraños golpes me da.

Sancho	Labrador.
Bernardo	¿Quién es?
Suero	Mi tío. Que me conozca no quiero; habla tú y yo me desvío.

(Escóndese.)

Bernardo (Aparte.)	(Grandes mudanzas espero)
Sancho (Aparte.)	(Extraño gusto es el mío.)
Bernardo	Si habéis menester, señor, a este humilde labrador vuestro intentos decid.
Sancho (Aparte.)	(Digo que es otro David. Ya me suspende el dolor.) ¿Quién eres?

Bernardo	Soy quien quisiera
	ser otro vos para hacer
	que en esa prisión tan fiera
	Rey viniérades a ser
	aunque el Rey otro yo fuera.
	  Yo soy quien estoy temblando
	de solo estaros mirando.
	Un no sé qué soy de vos
	que como cosa de Dios
	os estoy reverenciando.
	  Mirándoos yo sin querer

　　　　　　　　　　tanto humillarme quisiera
　　　　　　　　　　ante vos, que a no creer
　　　　　　　　　　que Dios me dio el ser, creyera
　　　　　　　　　　que vos me disteis el ser.
　　　　　　　　　　　Mi sangre habéis alterado
　　　　　　　　　　y a ser posible, diría
　　　　　　　　　　que la sangre se ha trocado
　　　　　　　　　　porque vos tenéis la mía
　　　　　　　　　　y a mí la vuestra me han dado.
　　　　　　　　　　　En resolución yo estoy
　　　　　　　　　　con don Gonzalo y le guardo
　　　　　　　　　　sus bienes prósperos hoy.
　　　　　　　　　　Todos me llaman Bernardo
　　　　　　　　　　y yo no sé quien me soy.

Sancho　　　　　　　Si no te abrazo perdona,
　　　　　　　　　　mi Bernardo, con razón.
(Aparte.) (Consigo.)　(Nuestra sangre se aficiona;
　　　　　　　　　　que eres tú mi corazón
　　　　　　　　　　y somos una persona.
　　　　　　　　　　　¡Ay, imagen! ¡Ay, hechura!
　　　　　　　　　　De este conde sin ventura
　　　　　　　　　　hay gusanillo que nace
　　　　　　　　　　del Fénix, que se deshace
　　　　　　　　　　en esta prisión oscura.
　　　　　　　　　　　El cielo que te ha querido
　　　　　　　　　　guardar en la edad pequeña,
　　　　　　　　　　[................ -ido]
　　　　　　　　　　te dé piedad de cigüeña
　　　　　　　　　　para sacarme del nido.
　　　　　　　　　　　Reyes venzas, oro pises,
　　　　　　　　　　tiemblen las franceses lises,
　　　　　　　　　　Dios te dé lo que deseas.
　　　　　　　　　　Déte los hombros de Eneas

                        para librar a este Anquises.)

Bernardo   ¿Por qué, señor, agua vierte
                    tu pecho invencible?

Sancho   Lloro
                    de pena y gozo de verte
                    porque eres, Bernardo, un oro
                    acendrado con mi muerte.
                        Y pues eres cosa mía,
                    y has sido tú la ocasión
                    de que me falte alegría
                    sácame de esta prisión;
                    convierte mi noche en día.

[Vase don Sancho.]

Bernardo   Espera, señor, [espera].
                    No huyas de esa manera
                    dejándome tan confuso.
                    Extrañas cosas propuso
                    si sus cifras entendiera.
                        Dice que la causa soy
                    de su prisión, pues ¿qué hago
                    que libertad no le doy?
                    ¿Cómo la deuda no pago
                    si tan obligado estoy?
                        Con el valor de mis brazos
                    haré la torre pedazos,
                    los candados romperé
                    y en hombros lo sacaré
                    para darle mis abrazos.

(Da golpes con el bastón en las puertas.)

                        Libertad tendrá.

Suero   Sosiega;
                        que Alfonso a la corte llega.
                        No hagas eso.

Bernardo   Hasta morir
                        le pienso, Suero, servir
                        si a tu tío nos entrega.

(Vanse. Salen los que pudieren con Alfonso y Tibaldo.)

Alfonso   Gracias al cielo que los muros veo
                        cuyas almenas sirven de corona
                        [a] León, que es el Rey de las ciudades.
                        Gracias al cielo, nobles ciudadanos
                        que mis desgracias y destierros largos,
                        dichosos en fin, veros han tenido
                        Publíquese el perdón con las trompetas;
                        que yo perdono a todos los culpados
                        pues Mauregato con su tiranía
                        que ya el cielo quitó, hizo rebeldes
                        los nobles que siguieron su bandera.
                        Y si es del Rey un brazo la justicia
                        la clemencia ha de ser el brazo diestro.

Tibaldo   De esa suerte, señor, don Sancho, el conde
                        que tú prendiste, y en prisión ha estado
                        por odio y por temor de Mauregato,
                        saldrá de aquesta vez.

Alfonso   Salir no puede,
                        que pues no quiso el cielo libertarlo,

                        el tiempo que este reino sin mí estuvo,
                        sin duda su prisión es pena justa.

(Sale Ancelino y arrodíllase.)

Ancelino   Movido de mí mismo, humilde vengo
                        a recibir la pena y el castigo
                        que merece la culpa de este pecho.
                        De la prisión salí sin licencia;
                        rebelde fui a mi Rey por Mauregato.
                        Conozco que pequé contra mi cuello.

Alfonso   ¿Quién te trajo a mis pies?

Ancelino   [El] desengaño
                        del error en que he estado y el deseo
                        que de verte he tenido, aunque malo,
                        ya conozco, señor, que soy tu hechura
                        y que eres casto Alfonso y Rey cristiano.
                        La espada que ayudó a quitarte el reino
                        rendida está a tus pies, porque con ella
                        saques el alma de este ingrato pecho.

Alfonso   Levanta de mis pies. Toma mi mano
                        de favor, de amistad, perdón y gracia;
                        que solo porque tienes conocida
                        tu culpa eres capaz de esta clemencia.
                        Publique el mundo la piedad suprema
                        con que vuelvo a mi reino. Soy piadoso
                        y al fin supe por ti el torpe delito
                        secreto para mí y público al mundo.

Ancelino   Vivas mil siglos, pues que a Dios imitas
                        en perdonar el hombre sus ofensas.

([Salen] Suero y Bernardo.)

Suero   Ya es tiempo, mi Bernardo.

Bernardo   Ánimo cobra.
              Satisface muy bien la antigua ofensa
              porque a pesar del Rey y de su corte
              has de librarte.

Suero   Majestad suprema,
              si a traidores perdonas fácilmente,
              los agravios de honor no has perdonado;
              y así Ancelino que traidor ha sido
              gana la gracia que don Sancho pierde,
              pues si ofensas en honras son eternas,
              Ancelino el traidor que está presente,
              habiéndole yo a solas desmentido,
              en tu presencia me imputó su agravio.
              Y aunque en sangre no iguala aquesta mía,
              pues subió como hiedra por el muro
              de solo tu favor, a su soberbia
              mil veces le he retado con carteles
              pidiéndole saliese al desafío;
              mas él como cobarde ha sido sordo
              y en el traje que ves vengo buscando
              a aquél que me quitó mi honor mintiendo.
              Hallélo en fin aquí, y pues no se atreve
              a empuñar contra mí la humilde espada,
              sufra este golpe de mi mano honrada.

(Dale un bastonazo [a Ancelino].)

Tibaldo   Aquesto, ¿no es traición?

Alfonso	¡Prendedlo! ¡Muera!
Bernardo	Cualquiera que traición aquí llamare a la venganza de don Suero miente.
Alfonso	¡Dadle muerte también! ¡Muera el villano!
Bernardo	No se dejan matar así, señores.
Alfonso	¡Prendedle! ¿Qué hacéis?

(Lléganle a prender y Bernardo defiende a Suero con su bastón.)

Bernardo   Es imposible
darme la muerte porque soy criado
de un hombre que cobró su honor perdido.
Y tengo yo valor con la honra suya.
Y tú, Alfonso y señor, que te has preciado
de amparar los nobles de tu reino,
¿Por qué no consientes que un noble, tu vasallo,
cobre el honor perdido en tu presencia?
¿Es bien que los traidores que te quitan
el cetro y corona estén honrados
hallando amparo en ti y que no le hallen
los hidalgos leales de tu corte?
Rey, mira lo que haces; que aunque agora
acabas de cobrar lo que perdiste,
don Suero hizo bien, que a su enemigo
rostro a rostro le dio, y agora espera
y esperará después cual caballero.
Si [a] alguno le parece que es mal hecho,
dígalo agora y abriré su pecho.

(Vanse los dos.)

Alfonso
: Bien dice. Gran valor tiene el villano.
Consuélate, Ancelino, con que el cielo,
aunque yo perdono, con esta ofensa
tu delito castiga.

Ancelino
: ¡Ay, cruel Fortuna!
Que vueltas en mi daño has dado siempre.

(Sale un Criado.)

Criado
: Los cielos no permiten, grande Alfonso,
que goces de tu reino con sosiego.
No acaba tu inquietud. Nuevas desgracias
hallarás en el reino; que don Bueso
el francés más soberbio y arrogante
que en la grande París sustente Carlos,
con infinito ejército de gente
por tus tierras ha entrado y casi llega
a enarbolar sus lises en Oviedo.

Alfonso
: Sin duda soy injusto, pues cristianos
no me dejan en paz. ¡Francés soberbio!
Yo mismo pienso ser el que tú buscas.
En batalla entraré solo contigo.

Tibaldo
: Eso no es justo; que vasallos tienes.
De ellos elige quien le dé la muerte.

Alfonso
: No sé quien puede ser porque es muy fuerte.

(Salen don Gonzalo y Bernardo.)

Gonzalo	La soberbia del francés
	con que llama a desafío
	me trae a besar tus pies
	como Rey y señor mío.
	Suplico que me los des;
	que yo en aquesta ocasión
	vengo a darte un corazón
	que pondrá los lises de oro
	entre las lunas del moro
	a los pies de tu León.
	De este labrador gallardo
	la empresa y victoria fía.
Alfonso	Que digas quién es aguardo.
Gonzalo	Sangre es tuya y sangre mía.
Alfonso	Luego vi que era Bernardo;
	que el fuego y sangre real
	no pueden disimularse.
	Llega que no dirán mal
	cuando lleguen a juntarse
	mi púrpura y tu sayal.
	Llega, que quiero abrazarte
	como a hidalgo y caballero;
	y porque puedan llamarte
	hijo mío, agora quiero
	en mi privanza engendrarte.
	Tu padre y madre he de ser
	y así quiero darte el pecho
	para que puedas crecer;
	que si hoy mi hijo te he hecho,
	hoy acabas de nacer.
	Y porque vivas honrado

        la espada que me he ceñido
        quiero ceñirte yo al lado.
        Muda luego de vestido
        pues que de ser has mudado.
           Lado de tal corazón
        bien merece recibirla;
        que aunque mal guardó a un León
        trae más sangre la cuchilla
        que perlas la guarnición.

Bernardo   Tanto, señor, me has trocado
        con tal merced que sospecho
        que otro espíritu me has dado
        o que dentro de mi pecho
        tu corazón se me ha entrado.
           Si hoy acabo de nacer,
        tu real majestad me mande,
        porque así pienso crecer;
        que hombre, que nació tan grande
        más que gigante ha de ser.
           Honra y eterna memoria
        con majestad y con gloria
        me dará esta espada a mí
        porque ella misma por sí
        se ganará la victoria;
           mas tú la verás después
        en el francés envainada
        si aquí en al vaina la ves.

Alfonso   Vamos, harás la jornada
        contra el soberbio francés.
           Luego me parto yo a Oviedo
        y tú con mi gente parte
        que acompañarte no puedo.

Bernardo	Vamos, pues, que al mismo Marte
le dará esta espada miedo.

(Vanse. Salen doña Elvira y Sancha.)

Sancha	Elvira, señora mía,
¿cómo en las sierras te va?
Elvira	Mira tú cómo me irá
con tan dulce compañía.
Sancha	¿Echas menos la ciudad?
Elvira	Olvidarla me da gloria.
Sancha	Allá tengo la memoria
si va a decir la verdad.
Quiero a Bernardo en extremo
y tú no tienes amor.
Elvira	Sí, tengo; mas con temor.
Sancha	Eso es común. También temo.
Don Suero será a quién amas.
Elvira	Y con celos me ha agraviado
aunque ya se ha disculpado.
Sancha	Sois muy celosas las damas.
Por acá las labradoras
quieren más y sienten menos.
¿Verdad que ellos son buenos?

Elvira	Eslo al menos el que adoras. Con razón, Sancha, has querido guardar a Bernardo ley porque es sobrino del Rey.
Sancha	Dalo por aborrecido si eso, Elvira, verdad es.
Elvira	Antes merece afición.

Sancha	No hace buena proporción
	la cabeza con los pies.
	   Humildes y principales
	sin quererse están mejor;
	que no se pesa el amor
	en balanzas desiguales.
	   El amor es infinito
	si igualdad la sangre siente,
	pero en sangre diferente
	no hay amor sino apetito.
	   Apenas tú le dirás
	que tienes deudos tan buenos
	cuando a mí me tenga en menos
	para tenerse él en más.

(Sale Suero.)

Suero	Si al tener un hombre honrado con hacienda, honra perdida, llama el mundo muerte en vida, yo vengo resucitado. Denme ya tus ojos gloria y premio de vencedor, porque es cobrar el honor

    dificultosa victoria.
  Vencer gente no vencida,
ganar la tierra y el mar
no es tanto como hallar
la honra una vez perdida.
  Con mi honra tropecé.
Era de vidrio y quebróse;
mas levantéme y soldóse
con otra que yo quebré.
  Ya deshice mi desgracia,
ya he borrado mi deshonra
y quien ha vuelto a su honra,
bien es que vuelva a tu gracia.
  No mis contentos desdores.
Denme favor esos labios;
que donde mueren agravios
bien es que nazcan favores.

Elvira   Otro vienes este día.
Grande mudanza hay en ti.

Suero   Dices bien porque hasta aquí
no he sido quien ser solía.
  No podía merecerte
pero ya méritos tengo.
Me he vengado y vengo
huyendo del Rey por verte;
  porque estando así los dos
no puedo ser ofendido
viendo que estoy retraído
junto a una imagen de Dios.

Elvira   Llamar [su] imagen podrás
a cualquiera criatura.

Suero	Tienes tú más hermosura
y así le pareces más.
Elvira	Levanta.
Suero	No puede ser;
que en la firmeza que gano
soy monte, y sin esa mano
jamás me podrá mover.
Elvira	Pues, a estar así, disponte;
que un monte no moveré.
Suero	La que tiene tanta fe
bien puede mudar un monte.
Elvira	Levanta, pues.
Suero	¡Ay, amor!
Bien levantes mi firmeza
pues llego con la cabeza
al cielo de ese favor.
Elvira	Ven, mi Sancha, no estés triste.
Sancha	Es ya mi dolor extraña.
Elvira	¿Quién te aflige?
Sancha	Un desengaño
que de Bernardo me diste.
Para mí fuera más bueno
verlo al margen de ese río

        hecho labrador y mío
        que caballero y ajeno.
           Alma suya me ha llamado
        pero ya Bernardo mal
        tendrá un alma de sayal
        cuerpo que viste brocado.

(Vanse. Tocan dentro caja un poco, luego dicen dentro.)

Voces	¡Viva España, viva España!
Francés	¡Huyamos de la montaña!
Bernardo	No ha de aprovechar [huír]; que todos han de morir.
Francés	¡Grande valor!
Otro	¡Fuerza extraña!

(Tocan cajas, entran por una puerta españoles tras de algunos franceses, acuchillándolos, luego Bernardo con don Bueso debajo el brazo, éntrase con él y sale Alfonso y dos peregrinos [plateros], el uno con una caja pequeña en la mano.)

Alfonso   Mientras el cielo con piedad nos mira,
                      dando a Bernardo del francés victoria,
                      de las piedras y el oro que he traído
                      de Navarra a mi reino, hacer pretendo
                      una cruz de valor y de artificio
                      que aquí en Oviedo, donde agora estamos
                      honre los templos y las almas guarde.
                      Pues, ¿qué decís los dos que sois plateros,
                      peregrinos devotos de Santiago?

>   Esas piedras tomad y todo el oro
>   que necesario fuere.

Platero 1   Por servirte
empezaremos luego a fabricarla
y a tu gusto saldrá.

(Vanse los dos.)

Alfonso   ¡Qué olor extraño
en la sala han dejado estos plateros!

(Salen Gonzalo, doña Elvira, Sancha y don Suero.)

Gonzalo   Para mejor servirte, ¡oh casto Alfonso!,
de esas montañas donde siempre vivo
con toda mi familia vengo a Oviedo.

(Como los va nombrando, se van arrodillando.)

>   Este hijo, señor, que te ha enojado
>   te traigo a que le des cualquier castigo.
>   A doña Elvira traigo, que en mi casa,
>   huyendo del poder de Mauregato,
>   librada por Bernardo de los moros,
>   enriqueciendo mi pobreza ha estado.
>   Y aquesta labradora es doña Sancha,
>   hija de Aurelio, hermano de tu padre,
>   habida en una dama que fue noble,
>   tu prima, como ya señor, lo sabes,
>   aunque ella hasta este punto lo ha ignorado.
>   Aquésta es la familia con que vengo.
>   Dispón de ella, señor, como mandares
>   y en mis cortos servicios no repares.

Alfonso	Levantad de ese suelo, hijos de Alfonso. Dadme los brazos todos, pues que quiero recibiros agora en mis entrañas. Tú, Sancha, reconoce en este pecho la sangre que en tus venas también vive.
Sancha	Reconozco un señor y un Rey famoso.
Alfonso	Pide don Suero, y no perdón me pidas. Pide mercedes en mi pobre reino.
Suero	Los pies para besarlos solo pido, y si gustas de darme a doña Elvira por esposa, aunque yo no la merezco.
Alfonso	Bien pediste; mas eso ya era tuyo.
Suero	Viva mil años porque sepa el mundo que eres su César sin tener segundo.

(Danse las manos [don Suero y doña Elvira]. Sale Bernardo con el estandarte francés cargado de cabezas y otra espada.)

Bernardo	Casi a la posta he venido para que sepas, señor, la victoria que has tenido. Tu espada me dio valor con que al francés he vencido. 　Porque tu ser autorices y este gozo solemnices, traigo las lises impresas y estas figuras francesas con que tu sala entapices.

       Por aquella noble espada
de tu mano ilustre dada,
aunque será don pequeño
con la sangre de su dueño
te doy esta acicalada.
       Murió en efecto don Bueso.
Su gente huyó, y no por eso
dejó también de morir,
y yo te vengo a pedir
en albricias solo un preso.

Alfonso   Llega, Bernardo, a abrazarme;
que si una vez te abracé,
el abrazo has de pagarme
porque entonces yo te honré
y agora puedes honrarme.
       Pide mercedes.

Bernardo   Señor,
como humilde labrador
una Sancha solo pido
y un Sancho preso afligido
porque a los dos tengo amor.
       Al conde, señor, nos da
que es un español Alcides.

Alfonso   ¡Norabuena, bien está!
Pero, ¿qué Sancha me pides?
¿Mi prima?

Bernardo (Aparte.)   (¿Su prima es ya?
Labradora la dejé,
pero si infanta se ve,
paciencia, importa y callar.)

Alfonso	La mano le puedes dar.
Bernardo	¿Qué le dices que me dé?
Alfonso	La mano.
Bernardo	Palabra buena. Ya mi corazón ensancho. Sácame, Elvira, de pena. ¿Quién soy?
Elvira	Hijo de don Sancho y de la noble Jimena.
Bernardo	¡Válgame Dios! Padre mío, verte sin prisión confío. ¡Venturoso yo mil veces!

(Danse las manos Bernardo y Sancha.)

Elvira	Todo, señor, lo mereces.
Gonzalo	Bernardo.
Bernardo	Señor y tío.

(Sale un Criado.)

Criado	Los plateros que han tomado la plata, piedras y el oro no parecen.
Alfonso	¿Has mirado

                        en mi cámara?

Criado   El tesoro
                        que les diste se han llevado.

Alfonso   ¿No estaban en mi aposento?

Criado   Allí estaban no ha un momento
                        y ya labraban la cruz...
                        Pero, ¿qué será esta luz?

(Suena música, aparece en el aire una cruz resplandeciente que va bajando hasta un altar e hínchanse de rodillas.)

Alfonso   Música gloriosa siento.
                            Imagen de aquel madero
                        que de mesa tiene nombre
                        donde se contó el dinero
                        para redimir al hombre
                        de la culpa del primero,
                            pues ángeles os labraron
                        con tan infinitas gracias,
                        sin duda que aquí os dejaron
                        por señal que mis desgracias
                        con vuestra vista acabaron.
                            El lugar que daros puedo
                        pues en vos el Redentor
                        nos salvó de mortal miedo
                        es solo San Salvador
                        de la antigua y noble Oviedo.
                            Será inmenso mi consuelo
                        porque si Cristo llevó
                        una cruz hecha en el suelo,
                        llevaré en mis hombros yo

                        otra labrada en el cielo.

Bernardo   Si la piensas colocar
                    en algún sagrado lugar,
                    yo, que tocarla deseo,
                    pienso ser el Cirineo
                    que te la ayude a llevar.
                       Caso es digno de memoria
                    éste que tus ojos vieron,
                    y pues ya con tanta gloria
                    fin tus desgracias tuvieron,
                    téngalo también la historia.

(Llevan la cruz en procesión con que se da fin a la famosa comedia de las desgracias del Rey don Alfonso el casto.)

                    Fin de la comedia

Libros a la carta

A la carta es un servicio especializado para
empresas,
librerías,
bibliotecas,
editoriales
y centros de enseñanza;
y permite confeccionar libros que, por su formato y concepción, sirven a los propósitos más específicos de estas instituciones.

Las empresas nos encargan ediciones personalizadas para marketing editorial o para regalos institucionales. Y los interesados solicitan, a título personal, ediciones antiguas, o no disponibles en el mercado; y las acompañan con notas y comentarios críticos.

Las ediciones tienen como apoyo un libro de estilo con todo tipo de referencias sobre los criterios de tratamiento tipográfico aplicados a nuestros libros que puede ser consultado en Linkgua-ediciones.com.

Linkgua edita por encargo diferentes versiones de una misma obra con distintos tratamientos ortotipográficos (actualizaciones de carácter divulgativo de un clásico, o versiones estrictamente fieles a la edición original de referencia). Este servicio de ediciones a la carta le permitirá, si usted se dedica a la enseñanza, tener una forma de hacer pública su interpretación de un texto y, sobre una versión digitalizada «base», usted podrá introducir interpretaciones del texto fuente. Es un tópico que los profesores denuncien en clase los desmanes de una edición, o vayan comentando errores de interpretación de un texto y esta es una solución útil a esa necesidad del mundo académico.

Asimismo publicamos de manera sistemática, en un mismo catálogo, tesis doctorales y actas de congresos académicos, que son distribuidas a través de nuestra Web.

El servicio de «libros a la carta» funciona de dos formas.
1. Tenemos un fondo de libros digitalizados que usted puede personalizar en tiradas de al menos cinco ejemplares. Estas personalizaciones pueden ser de todo tipo: añadir notas de clase para uso de un grupo de estudiantes, introducir logos corporativos para uso con fines de marketing empresarial, etc. etc.

2. Buscamos libros descatalogados de otras editoriales y los reeditamos en tiradas cortas a petición de un cliente.

www.ingramcontent.com/pod-product-compliance
Lightning Source LLC
Chambersburg PA
CBHW051344040426
42453CB00007B/402